POLYGLOTT

KANADA

DER OSTEN

ON TOUR

DER AUTOR

OLE HELMHAUSEN

ist freier Reise- und Videojournalist und seit 25 Jahren für deutschsprachige Medien in Kanada und den USA unterwegs. Über seine Erlebnisse *on the road* berichtet er auch auf seinem beliebten Kanada-Blog »Out of Canada« (out-of-canada.olehelmhausen.de). Ole lebt in Montréal, seine Freizeit verbringt er am liebsten im Kanu.

Unser E-Book-Code zur elektronischen Erweiterung des POLYGLOTT on tour. Das kostenlose E-Book enthält die im Reiseführer aufgeführten Adressen entlang der Touren, beispielsweise zu Essen und Trinken, Shoppen, Aktivitäten und Hotel-Tipps. Links auf einen externen Kartendienst vereinfachen das Auffinden dieser Adressen.

WWW.POLYGLOTT.DE

SYMBOLE ALLGEMEIN
Erstklassig: Besondere Tipps der Autoren

Seitenblick: Spannende Anekdoten zum Reiseziel

12 Top-Highlights und Highlights der Destination

TOUR-SYMBOLE

- 1 Die POLYGLOTT-Touren
- 6 Stationen einer Tour
- 1 Zwischenstopp Essen & Trinken
- A1 Die Koordinate verweist auf die Platzierung in der Faltkarte
- a1 Platzierung Rückseite Faltkarte

PREIS-SYMBOLE

	Hotel DZ	Restaurant
€	unter 120 can$	unter 25 can$
€€	120 bis 180 can$	25 bis 40 can$
€€€	über 180 can$	über 40 can$

ZEICHENERKLÄRUNG DER KARTEN

- (Seite=Kapitelanfang) beschriebenes Stadtviertel
- 10 E h Sehenswürdigkeiten
- 4 Tourenvorschlag
- Autobahn
- Schnellstraße
- Hauptstraße
- sonstige Straßen
- Fußgängerzone
- Eisenbahn
- Staatsgrenze
- Landesgrenze
- Nationalparkgrenze

Perfekte Planung > Parallel vordere Klappe aufschlagen

TOP-12-HIGHLIGHTS

Per Schiff kommt man einer Top-Attraktion
Ostkanadas ganz nah – den tosenden Niagarafällen

TYPISCH

DER OSTEN KANADAS IST EINE REISE WERT!

Die Kultur(en) und die tollen Museen, die Wale, die Eisberge, die Luxushotels und die urigen Blockhütten, die Wasserflugzeuge und die tollen Trails, zwei Amtssprachen und abends der Drink auf dem Steg am See: Diese 160 Seiten zeigen, was Ostkanada einzigartig macht.

OLE HELMHAUSEN
Der Autor lebt in Montréal und ist als freier Reise- und Videojournalist seit 25 Jahren für deutsche Medien in Kanada und den USA unterwegs. Über seine Erlebnisse *on the road* berichtet er auch auf seinem Blog »Out of Canada« (out-of-canada.olehelmhausen.de).

Gleich beim ersten Mal in Montréal geriet ich prompt in die berüchtigte *heure de pointe,* die Hauptverkehrszeit. Ich war eingemauert von Blech, nichts ging mehr auf der Rue Sainte Cathérine. Zurückblickend gebe ich gern zu, dass es eine ziemlich dumme Idee war, Montréals Innenstadt per Auto entdecken zu wollen. Welche Millionenstadt lässt Autofahrer schon

Fotogene Sandsteinformationen an der Bay of Fundy, modelliert von den enormen Gezeiten

gern in ihr Stadtzentrum, und dann auch noch zur Rushhour? Erst nach einer ganzen Weile löste sich das Gewühl auf. Zeitverschwendung, auch dies erkannte ich erst später, war dieser Stau indes nicht. Ich hätte nämlich, klärte mich meine einheimische Freundin am Abend auf, ein Stück echtes Montréal erlebt. Denn erstens sei dies die Stadt mit den meisten angemeldeten Honda Civics in Nordamerika, und zweitens hätte ich mit dem Satz »Bouge ton maudite char, calice« – jemand schleuderte ihn mir entgegen, als ich am Ende nicht schnell genug aufs Gas trat – den Schlüssel zur Québecer Volksseele erhalten. Schlüssel? Volksseele!? Meine Freundin lächelte weise und erklärte. *Char* sei dem englischen *car* entlehnt und ein Ausdruck aus dem Joual – jenem Lingo aus altem französischem Sprachgut und irisch-indianischen Versatzstücken, das angeblich der frankofonen Arbeiterklasse entstammt, später hoffähig wurde und bis heute von vielen Québécois gesprochen wird. Und *calice* (übers. Abendmahlkelch) sei zwar ein übles Schimpfwort, stamme aber aus dem Bereich der Kanzel, wie interessanterweise die meisten Schimpfworte in *la belle province,* und drücke die kritische Haltung der Québécois zur lange omnipotenten katholischen Kirche aus.

Der gut 200 Meter hohe Wolkenkratzer 1250 René-Lévesque in Downtown Montréal

Unterwegs in dem mit fast fünf Millionen Quadratkilometern wahrlich endlos wirkenden Osten dieses Riesenlandes habe ich bis heute immer wieder solch sprachliche Schlüsselerlebnisse: Das irisch gefärbte Englisch meiner Gastgeber in Newfoundland, das englisch versetzte akadische Französisch an der Bay of Fundy, das altertümliche Pensilfaanisch der Amischen und Altmennoniten in Ontario: Jede Reise, egal ob im ländlichen Süden Ontarios, an der Bay of Fundy oder rund um Newfoundlands Avalon-Halbinsel, ist ein Fest für Augen und für Ohren. Denn dies ist nicht der junge Westen, sondern der »alte« Osten. Hier hatte das moderne Kanada 400 Jahre Zeit, um nicht nur Fuß zu fassen, sondern auch um neue Gesellschaften zu gründen, mit anderen, in der neuen Heimat wurzelnden Traditionen, Legenden und Geschichten, die mit Europa bestenfalls – und selbst dies oft nur noch im weitesten Sinne – die Sprache gemein haben.

Auf Augenhöhe mit einem »König der Wälder«

Wer nun besorgt nach der als typisch kanadisch geltenden Wildnis und Weite fragt, den kann ich beruhigen: Wird mir Montréal einmal zu bunt, lade ich mein Kanu aufs Autodach, fahre anderthalb Stunden und lasse es an einem der zig Seen nördlich der Stadt zu Wasser. Dort habe ich meine Ruhe. Wenn ich mehr Zeit habe und die Jahreszeit stimmt, gehe ich Elche und Bären beobachten und Eisberge zählen. Oder fahre ein paar Tausend Kilometer bis zum Ende einer Straße irgendwo im Nirgendwo. Roadtrips im Osten von Kanada sind eine Wonne: Gute Straßen, kaum Verkehr, endlose Weiten. Allein für den Trans Canada Highway vom Kilometer 0 in St. John's in Newfoundland bis zur knapp 5000 km entfernten Grenze mit Manitoba würde man vier Tage brauchen. Allerdings nur, führe man nonstop, ohne eine Mütze Schlaf …

WAS STECKT DAHINTER?

Die kleinen Geheimnisse sind oftmals die spannendsten. Hier werden die Geschichten hinter den Kulissen erzählt.

WO IST DER SCHATZ VON OAK ISLAND?

Seitdem Daniel McGinnis 1795 in der tellerförmigen Senke auf Oak Island bei Mahone Bay (Nova Scotia) zu graben begann, wurde nicht mehr zutage gefördert als Kokosfasern, eine Goldmünze und etwas Pergamentpapier. Für Generationen von Glücksrittern war das genug, um bis heute bei der Stange zu bleiben – und vom Piratenschatz des legendären Käpt'n Kidd zu träumen, der einst wohl auch in diesen Gewässern sein Unwesen trieb. Heute wird die Schatzsuche auf der Insel von einer Gesellschaft betrieben. Es gibt auch ein kleines, die 200-jährige Schatzsuche dokumentierendes Museum, regelmäßig veranstaltete Touren zu den Grabungsstätten (Infos unter www.friendsofoakisland.com) sowie die auch auf Deutsch gesendete Realityshow »The Curse of Oak Island«.

WARUM DENN EIN AHORNBLATT?

Kaum eine Nationalflagge genießt mehr Ansehen in der Welt, kaum eine kommt weniger pompös daher. Kanadas *maple leaf flag* bzw. *l'unifolié* zeigt ein mittig angebrachtes, elfzackiges rotes Ahornblatt auf weißem Grund, der den Schnee der Arktis symbolisiert. Flankiert wird es von roten Balken, die für Atlantik und Pazifik stehen. Die Farbe Rot rührt von Kanadas britischer Tradition her. Die Ahornblatt-Flagge wurde am 15. Februar 1965 in Ottawa zum ersten Mal gehisst – nach einer über einjährigen hitzigen Diskussion, bei der es um die Suche nach einem alle Provinzen und Territorien vereinenden Symbol ging. Am Ende einigte man sich auf das – politisch denkbar harmlose – Blatt des in so gut wie allen Landesteilen vertretenen Ahornbaumes.

BRAUCHEN BRÜCKEN DÄCHER?

Niedlich sehen sie aus, und in der Regel passen sie wie angegossen in das ländliche Idyll: Kanadas überdachte Brücken, die *covered bridges*. Überwiegend aus dem 19. Jh. stammend, erhielten diese Holzbrücken ein Dach zum Schutz gegen die mitunter extreme Witterung, um ihre Lebensdauer zu verlängern. Die meisten überdachten Brücken befinden sich in Ontario und im Südosten von Québec und stehen unter Denkmalschutz. Hartland in New Brunswick darf sich mit der 391 Meter langen Hartland Bridge der längsten *covered bridge* rühmen. Übrigens: Ihren Beinamen *kissing bridges* verdanken die überdachten Brücken dem Umstand, dass ihr dunkles Inneres der Dorfjugend einst willkommenen Platz zu romantischen Stelldicheins bot.

50 DINGE, DIE SIE ...

Hier wird entdeckt, probiert, gestaunt, Urlaubserinnerungen werden gesammelt und Fettnäpfe clever umgangen. Diese Tipps machen Lust auf mehr und lassen Sie die ganz typischen Seiten erleben. Viel Spaß dabei!

... ERLEBEN SOLLTEN

❶ **Immer am Rand entlang** Spaziergang in schwindelerregenden 356 m Höhe ohne Geländer: Beim Edgewalk › S. 58 über dem Dach des Drehrestaurants spaziert man – angeseilt – auf einem schmalen Gitterrost einmal um den CN Tower.

❷ **Feucht-fröhlicher Spaß** Beim Rafting durch die Stromschnellen des Ottawa River bei Beachburg › S. 71 bleiben weder Auge noch andere Körperteile trocken.

Lokalmatador Jocelyn Couture mit Band beim Montréal International Jazz Festival

❸ **Historische Paddeltour** Bei einem Kanutrip auf dem French River › S. 33 zwischen Lake Nipissing und Georgian Bay paddelt man im Kielwasser der frühen indigenen Völker, Pelzhändler und Pioniere.

❹ **Heiße Nächte** Das International Jazz Festival verwandelt Montréals Innenstadt in eine einzige Event-Zone – und Tausende Besucher in friedlich chillende Mitmenschen, ganz besonders rund um die Place des Arts › S. 104

❺ **Québec für Voyeure** Raue See, Steilküsten und Fischernester: Die Rundfahrt um die Gaspé-Halbinsel auf der Panoramastraße Route 132 › S. 117 zwischen Cap-Chat und Percé bietet besonders dramatische Ausblicke und Fotomotive.

❻ **Gipfel-Meer** Unvergesslich ist, das subalpine Gipfelplateau des Mont Albert › S. 117 zu besteigen und den Blick über die zahllosen Gipfel der wilden Chic-Chocs zum St.-Lorenz-Strom schweifen lassen.

❼ **Seakayaking in Cape Broyle** Auf einer Kajaktour mit Stan Cook › S. 141 an Neufundlands Ostküste kann alles passieren: ein vor dem Seekajak auftauchender Buckelwal,

Auf Bootsexkursion in Neufundlands spektakulärstem Fjord, dem Western Brook Pond

ein den Kurs kreuzender Eisberg, schimpfende Papageientaucher, ...

❽ **Mit den »locals« anstoßen** Eine Institution: Im Pub The Split Crow › S. 129 in Halifax haben schon mehrere Touristengenerationen mit Einheimischen auf einen gelungenen Kanada-Urlaub angestoßen.

❾ **Inselhüpfen im Nordatlantik** Geht auch in Ostkanada, und zwar im Auto auf den wildromantischen Îles de la Madeleine › S. 134.

❿ **Mehr Meer geht nicht** Bei einer Radtour rund um die Cape Breton Island vorgelagerte Isle Madame › S. 126 ist der Altlantik immer und überall zu sehen.

⓫ **Dem Himmel näher** Nördlich von Chéticamp bietet eine Wanderung auf dem Skyline Trail (7 km) hoch über dem Cabot Trail › S. 135 wahrhaft himmlische Ausblicke auf Meer, Straße – und Elche.

⓬ **Archaische Kulissen** Unvergesslich ist eine Bootstour zwischen den von Gletschern geformten Felswänden des Fjords Western Brook Pond › S. 144 – inklusive Kanadas zweithöchstem Wasserfall.

Summer sausages, eine Spezialität der Mennoniten, auf dem St. Jacobs Farmers' Market

... PROBIEREN SOLLTEN

13 Pu... was? *Poutine* ist Québecs Beitrag zur Fastfoodkultur: Pommes Frites mit geschmolzenem Käse und Bratensoße, serviert in 30 Varianten im La Banquise E4 in Montréal (994 Rue Rachel Est, Tel. 514-525-2415, www.labanquise.com).

14 Montréal Smoked Meat Bei Schwartz's Hebrew Delicatessen › S. 107 am besten: mit zartem, fast auseinanderfallendem Rauchfleisch belegte Sandwiches.

15 Mit Zange, Gabel und Serviette(n) Hummer ist Pflicht, vor allem in PEI, wo das Schalentier im Fisherman's Wharf Lobster Supper › S. 133 in North Rustico, fangfrisch auf den langen Tischen landet.

16 Lang lebe der Kabeljau! Der *cod* ist zwar nicht länger »King«, doch in Lokalen wie dem Seaside Restaurant › S. 144 in Trout River, Newfoundland, wird er noch immer als hervorragendes traditionelles Fish 'n' Chips gereicht.

17 Cheers, Santé! *Craft beer*, also lokal gebrautes Bier, schmeckt besser als das der Mega-Brauer und läuft in jedem guten Pub aus dem Zapfhahn › S. 51.

❽ **Muschelsuppe – unbedingt!** *Clam chowder* heißt das Zauberwort. Es bezeichnet die in Atlantik-Kanada allgegenwärtige sämige Suppe aus großen Venusmuscheln, Kartoffeln, Zwiebeln und Speck, gut zubereitet etwa bei The Old Fish Factory › S. 130 in Lunenburg, Nova Scotia.

19 Deftige Kalorienbombe *Tourtière* hat nichts mit Torte zu tun, sondern ist eine Art überbackene, mit Blau- oder Johannisbeeren gereichte Fleischpastete, eine Spezialität von Maison du Roti E4 in Montréal (1969 ave. du Mont-Royal E., www.maisonduroti.com).

20 Wegzehrung Die *summer sausages* genannten würzigen Dauerwürste der Altmennoniten auf dem St. Jacobs Farmers' Market › S. 88 lassen einem das Wasser im Mund zusammenlaufen.

21 Elch, geschmort Mit Elchfleisch lässt sich vieles anrichten – am liebsten Schmorbraten, wie bei Chucky's in Happy Adventure C3 (8 Harbour View Rd., Eastport, Nfld., Tel. 1-888-805-8881).

22 Poutine with stuffing So heißt Newfoundlands populärer Fastfoodbeitrag. Dabei wird die in Québec kreierte Spezialität aus Pommes, Bratensoße und Käse noch um eine undefinierbare, aber schmackhafte Bratenfüllung bereichert. Zu genießen in Family-Restaurants wie in Addy's, dem Seafood Café von Twillingate Adventure Tours › S. 143.

… BESTAUNEN SOLLTEN

23 Fototermin nach Sonnenuntergang Von Ward's Island, einer der Toronto Islands › S. 58, präsentiert sich die nächtliche, golden strahlende Skyline Torontos am schönsten (Fähren: www.torontoisland.com).

24 Highway mit Elch-Garantie Fototermin im Algonquin Provincial Park › S. 84: Im Juni stehen viele der Könige des Waldes am Highway 60 und genießen das Salz vom letzten Winter in den Straßengräben.

25 Die Magie der Kante Auf der Aussichtsterrasse unmittelbar über der Kante spürt man die ungeheure (Zug-)Kraft der Niagarafälle › S. 75 besonders.

26 Kanadas berühmteste Kiefer Das Bild »The Jack Pine« von Tom Thomson in der National Gallery of

Diese Jack Pine inspirierte den Group-of-Seven-Paten Tom Thomson zu seinem Bild

Canada › S. 80 gibt einen zutiefst beeindruckenden Vorgeschmack auf die herbe Schönheit des Landes.

27 Halle der Totempfähle In der Grand Hall des Canadian Museum of History › S. 81 in Gatineau stehen mächtige, bis unter die Decke ragende Totempfähle Spalier.

28 Pow-Wow-Fashion Die traditionellen Trachten der Tänzer und Tänzerinnen auf dem Anfang August auf Manitoulin Island stattfindenden Pow Wow › S. 91 sind farbenprächtige Augenweiden.

29 Sternenhimmel Dank seines Kirchengewölbes mit sternenblaugoldenem Nachthimmel ist das Innere der Basilique Notre-Dame › S. 101 in Montréal ein Raum vollkommener Harmonie.

30 Blickpunkt Das zu den meistfotografierten Gebäuden gerechnete Chateau Frontenac › S. 109 lässt sich am besten von Québecs Schwesterstadt Lévi am anderen Ufer bestaunen – und fotografieren.

31 (Fast) Allein in Peggy's Cove › S. 129 Wenn am späten Nachmittag Ruhe einkehrt, braucht man den schönsten und populärsten Fischerort in Atlantik-Kanada nicht mehr mit den zahlreichen Tagesgästen zu teilen.

Die Basilika Notre-Dame in Montréal zählt zu den schönsten Gotteshäusern Nordamerikas

... MIT NACH HAUSE NEHMEN SOLLTEN

32 So Kanada, so umsonst Ein Ahornblatt, Kanadas nationales Symbol, selbst aufgelesen und sorgfältig getrocknet, ist ein schönes Erinnerungsstück – insbesondere, wenn es vom letzten Indian Summer stammt!

33 Ins Netz gegangen Kunstvoll angefertigte Traumfänger, sogenannte *dream catcher,* halfen einst in den Wigwams der First Nations, böse Träume zu fangen und sind heute wunderbare Mitbringsel, wie jene aus dem Whetung Ojibwa Centre (ab 10 $) › S. 76.

34 Süße Sünde Man kommt nicht darum herum: Ahornsirup *(maple sirup* bzw. *sirop d'érable)* aus dem Supermarkt oder von einem der Wochenmärkte wie dem traditionsreichen Marché Jean-Talon › S. 106 in Montréal.

35 Inselidyll zum Mitnehmen Gemälde in Öl und Wasserfarben, Töpferwaren, Glaskunst: Die Künstler im Dunes Studio Gallery & Café › S. 133 in PEI fangen die Farben ihrer Insel gekonnt ein, egal auf welchem Material.

36 Tassen von Tim To-Go-Tassen, Thermoskannen oder Recyclingbecher: Kaffeegefäße von Tim Hortons, der populären kanadischen Schnellrestaurantkette, sind praktisch und bei Roadtrippern beliebt (www.timhortons.com).

Maple leaf – ein ebenso einfaches wie schönes Souvenir aus Ostkanada

37 Kanada auf den Leib Coole Outdoor-Klamotten, -Schuhe und -Accessoires vom Ausstatter der kanadischen Olympioniken: Bei Roots in Toronto, Montréal und Halifax werden Kanada-Fans jeden Alters fündig (www.roots.com).

38 Mehr als Patchwork Die von den Altmennoniten und Amischen in St. Jacobs › S. 52 angefertigten Quilts sind Kulturgut – und wunderbare Tagesdecken.

39 Moratorium Art › S. 52 Fischkutter, Seeleute, Leuchttürme, Eisberge: Die originellen, aus den Latten alter Hummerreusen gefertigten 3-D-Bilder passen in jeden Koffer.

Auf der Niagara-Halbinsel keltert Inniskillin auch einen hervorragenden Eiswein

40 Wein aus gefrorenen Trauben Natursüß und unwiderstehlich ist Eiswein bzw. *ice wine*. Die edlen Tropfen sind eine Spezialität der Winzer auf der Niagara-Halbinsel, wie jene des Weinguts Inniskillin Niagara › S. 74.

41 So klingt Ostkanada CDs von der Indie-Band Karkwa aus Montréal (www.karkwa.com), der Gaelic-Punk-Fiddler Ashley MacIsaac aus Nova Scotia (www.ashleymacisaac.com) oder den Folkrockern von Great Big Sea (www.greatbigsea.com) aus Newfoundland sind in jedem Musikgeschäft erhältlich und konservieren Ostkanada-Feeling.

… BLEIBEN LASSEN SOLLTEN

42 Kanadier mit Amerikanern verwechseln Auch wenn Englisch-Kanada oft so klingt und aussieht wie die USA: Setzen Sie im Gespräch Kanadier bloß nicht mit US-Amerikanern gleich!

43 Ihr Herz ausschütten Auch wenn Ihr Gegenüber Sie mit einem strahlenden »How are you?« begrüßt: Tatsächlich an Ihrer Verfassung interessiert ist er nicht. Es ist eine höfliche Floskel, die Sie am besten mit »Fine, thank you!« beantworten.

44 Sofort überall Ihre Meinung kundtun Vermeiden Sie beim unverbindlichen Smalltalk, falls nicht ausdrücklich danach befragt, Themen wie Religion und Politik. Dagegen sind Sport, das Wetter und –in Québec – der Straßenzustand immer gute Einstiegsthemen. Abschätzige Bemerkungen von Außenstehenden zum Thema Separatismus werden in Québec selbst von Befürwortern Kanadas nicht gern gehört. Die Québecer sind stolz auf ihre Sprache und Kultur. Und selbst wer die separatistische Parti Québécois wählt, ist nicht automatisch ein Separatist, sondern wünscht sich oft nur eine laute Stimme in der Bundesregierung.

45 Ureinwohner beim (falschen) Namen nennen Falls sie sich nicht selbst so nennen, bezeichnen Sie die Ureinwohner aus Respekt nicht als *Indians* und *Eskimos,* sondern politisch korrekt als *First Nations* und *Inuit* › auch S. 46.

46 Beim »tip« knausern Trinkgeld ist in Kanada üblich. Sind Sie mit dem Service zufrieden, legen Sie 10 bis 15 Prozent (vor Steuern) als *tip* auf den Rechnungsbetrag drauf › auch S. 154.

47 Alkohol auf der Straße trinken Konsumieren Sie die in den staatlichen Liquor Shops gekauften Alkoholika nicht in der Öffentlichkeit, denn dies ist per Gesetz verboten. Zuwiderhandlungen werden mit empfindlichen Geldbußen geahndet › auch S. 51.

48 Während der Stoßzeit Auto fahren In Montréal und Toronto zur Rushour (zwischen 6 und 8.30 Uhr sowie 15.30 und 17.30 Uhr) zu Besichtigungstouren im Auto aufzubrechen, ist keine gute Idee.

49 Den Wetterbericht ignorieren Verfolgen Sie den Wetterbericht und nehmen Sie die Vorhersagen ernst. So sind Sie unterwegs am besten auf etwaige Wetterumschwünge vorbereitet (Wettervorhersagen und -warnungen: www.weather.gc.ca).

50 Bei Straßenkarten den Maßstab nicht beachten Die riesigen Entfernungen werden von Europäern oft unterschätzt. Versuchen Sie deshalb, nicht alles in der kurzen Zeit sehen zu wollen und konzentrieren Sie sich auf das für Sie Wesentliche.

Das staatliche Liquor Control Board hat das Monopol für Alkoholverkauf in Ontario

Kayaking im Killarney Provincial Park in Ontario

REISEPLANUNG & ADRESSEN

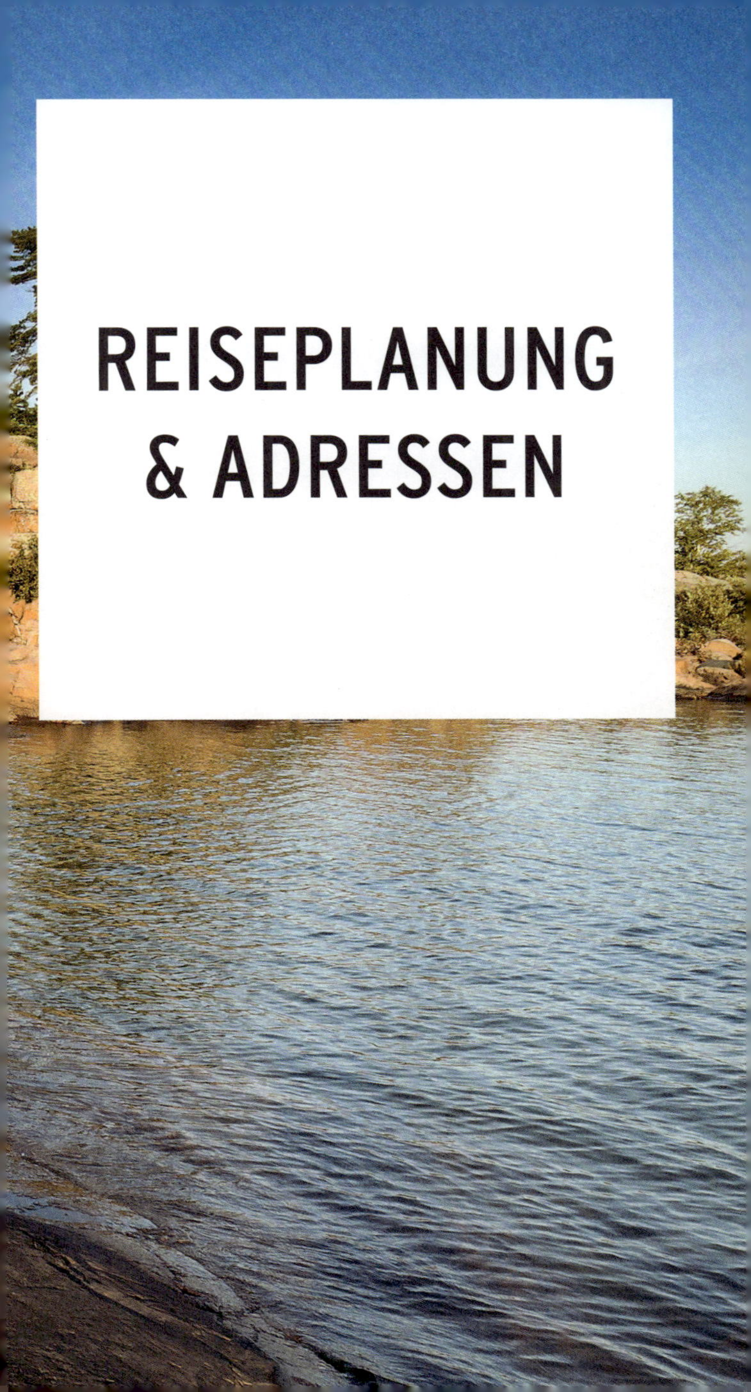

DIE REISEREGION IM ÜBERBLICK

Das Kanada-Klischee der endlosen Weiten und unberührten Natur wird oft mit dem Westen in Verbindung gebracht. Doch auch in den östlichen Provinzen werden die Entfernungen in Tagen und Zeitzonen gemessen, imponiert die landschaftliche Vielfalt.

Herbstliches Farbenspiel im Kilarney Provincial Park

Platz ist also genug für Superlative mit einigen der schönsten Nationalparks, den kulturell vielfältigsten Regionen des Landes sowie zwei sympathischen, echt kanadischen Weltstädten.

Toronto (kurz »T. O.«) ist Kanadas größte Metropole und zugleich die viertgrößte Nordamerikas. Aus touristischer Sicht fungiert die Stadt am Lake Ontario als die wichtigste Verkehrsdrehscheibe im Osten. Hier landen die meisten Flüge aus Europa, von hier aus brechen die meisten Besucher zu ihren Reisen auf. Aber immer mehr bleiben auch ein paar Tage da, denn gerade in kultureller Hinsicht hat Toronto eine Menge zu bieten.

T. O. ist die Hauptstadt von **Ontario.** Die bevölkerungsreichste Provinz des Landes bietet einen attraktiven Mix aus Natur und Kultur, Wildnis und Weite. Berühmtestes Highlight sind die Niagarafälle, es gibt herrliche Paddel- und Wanderreviere wie den Algonquin oder den Killarney Provincial Park, und die Bundeshauptstadt Ottawa sticht mit ihren berühmten Nationalmuseen heraus.

Ontarios Nachbar im Osten und die flächenmäßig größte Provinz Kanadas ist das französischsprachige **Québec**. Seine Bevölkerung konzentriert sich im Tiefland des St.-Lorenz-Stroms, der durch den Süden Québecs dem Nordatlantik zufließt. An diesem wichtigsten Wasserweg Kanadas liegen die Millionenmetropole Montréal, die charmante Hauptstadt Québec sowie reizvolle Landschaften und Wildnisgebiete: darunter das für seine Künstlerkolonien und Restaurants berühmte Charlevoix, der spektakuläre Saguenay-Fjord mit seinen Belugawalen und die raue, bei Hikern und Roadtrippern beliebte Gaspé-Halbinsel, die weit in den Nordatlantik hineinragt.

Von Québec aus führt ein schmaler Korridor nach New Brunswick, das zu den sogenannten **Maritimes** gehört. Das herausragende Naturschauspiel der einzigen offiziell zweisprachigen Provinz Kanadas bietet die für ihre Gezeitenunterschiede berühmte Bay of Fundy, ein Dorado für Walbeobachter und Paddler. An ihrem Nordende gelangt man über eine Landbrücke nach Nova Scotia. Unterwegs lohnt sich ein Abstecher zum pastoralen Prince Edward Island – kurz »PEI« –, der kleinsten Provinz Kanadas. Halifax, Nova Scotias Hauptstadt und kultureller Mittelpunkt der Region, liegt im Zentrum schöner Touren, etwa nach Cape Breton Island. Der die wildromantische Insel fast umrundende spektakuläre Cabot Trail zählt zu den Traumstraßen der Welt.

MIETWAGEN ODER WOHNMOBIL?

Ein gern geträumter Traum: Im Wohnmobil durch Kanada die grenzenlose Freiheit erleben! Wer sich für ein rollendes Heim entscheidet, sollte jedoch folgendes bedenken. Die Miete eines »RV« *(recreational vehicle)* ist nicht ganz billig, der Benzinverbrauch enorm, und auch die Campingplatzgebühren sowie die Fährtickets sind einzukalkulieren. Hinzu kommt, dass ein bis zu zehn Meter langes Wohnmobil in engen Städten wie Lunenburg, St. John's oder Ville de Québec schnell zum Verkehrshindernis werden kann. Wenn man sich jedoch vorwiegend in der Natur, in National- oder Provinzparks aufhält, ist ein RV sicher das Richtige. Allerdings sollte man das Wunsch-Wohnmobil unbedingt rechtzeitig reservieren, denn in der Hochsaison sind die Vermieter meist ausgebucht. Vor Ort ist die Anmietung nicht billiger, und im Endeffekt kommt ein Wohnmobil ebenso teuer wie eine Reise mit Mietwagen, Restaurantbesuchen und Hotelübernachtungen.

»The Rock«, »Canada's Far East«: Vom Nordatlantik umspült und rau, liegt **Newfoundland** selbst für kanadische Verhältnisse weit ab vom Schuss. Die Provinz, zu der auch Labrador gehört, findet zu 99 Prozent entlang der Küste statt. Das Innere ist bewaldet und fast menschenleer. In der Hauptstadt St. John's beginnt der Trans Canada Highway seine Reise durch das Innere der Insel nach Port-aux-Basques. Unterwegs führen Abstecher zu den wildromantischen Highlights der Küste, darunter die Bonavista Peninsula mit ihren hübschen Fischerhäfen, die Eisberge vor Twillingate, die grandiose Fjordlandschaft des Gros Morne National Park und die Wikinger-Siedlung L'Anse aux Meadows.

KLIMA & REISEZEIT

Kanada und sein Osten ist – allen Vorurteilen zum Trotz – kein kaltes Reiseziel. Lange Hitzeperioden von über 30 °C im Sommer sind durchaus keine Seltenheit.

Die Ursache ist ein ausgeprägtes Kontinentalklima, das im Übrigen auch für bis zu –35 °C kalte, aber sonnige Winter verantwortlich ist. Klarer als in Mitteleuropa unterscheiden sich die Jahreszeiten voneinander; Übergangszeiten sind kurz, aber sehr dramatisch. Der eindrucksvollste Hinweis auf diesen zügigen Jahreszeitenwechsel ist der Indian Summer mit seiner fantastischen Laubfärbung.

Mehr Niederschläge und eine höhere Luftfeuchtigkeit senken im St.-Lorenz-Tiefland, im Bereich der Großen Seen und am Atlantik die Temperaturen geringfügig. Extrem fallen die Temperaturunterschiede innerhalb einer Provinz aus: Wenn im September auf der Niagara-Halbinsel die Weinlese beginnt, jagt man an der James Bay bereits mit Motorschlitten durch weiße Winterlandschaften.

Beste Reisezeit für Ostkanada ist von Ende Mai bis Mitte Oktober. Dabei sind die Weltstädte Toronto und Montréal zu jeder Jahreszeit ein Reiseziel. Zu berücksichtigen ist, dass auch die Kanadier und US-Amerikaner im Juli und August Ferien haben und in Kanada unterwegs sind. Entsprechend voll kann es dann in den National- und Provinzparks werden, und ohne vorherige Reservierungen wird es in Großstädten und Ferienorten schwer, ein ansprechendes Zimmer zu bekommen. An eine Reservierung sollte man auch an den Wochenenden des Canada Day (1. Juli), rund um den in Québec gefeierten St-Jean-Baptiste-Tag (24. Juni) und den Labor Day (Anf. Sept.) denken. Wer mehrere Übernachtungen in Toronto, Montréal, Québec City, Halifax und St. John's plant, sollte sich zudem nach anstehenden Großveranstaltungen (z. B. Kongresse, Festivals, etc.) erkundigen. Auch dann wird es eng – und teurer – in diesen Städten. Gute Alternativen sind Ende Mai/Juni und Ende August/September. Die Witterung ist dann geringfügig kühler und im September – die Fotografen wird es freuen – die Luft klarer.

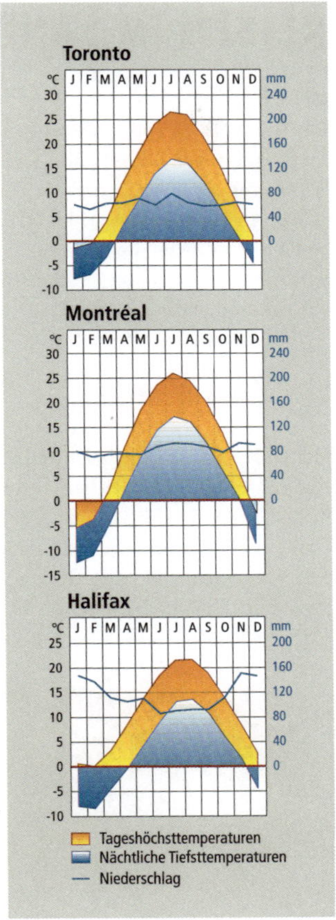

ANREISE

Von großen europäischen Städten aus gibt es gute Flugverbindungen nach Ostkanada, auch Direktflüge v. a. nach Toronto und Montréal.

Torontos Lester B. Pearson International Airport (YYZ, www.torontopearson.com) ist die Drehscheibe in Ostkanada, Montréals Aéroport international Pierre-Elliott-Trudeau (YUL, www.admtl.com) die Alternative für Québec und die Atlantikprovinzen.

Beide Flughäfen werden täglich von Air Canada und Lufthansa von Frankfurt am Main aus angeflogen. Die Flugdauer nach Toronto beträgt 8 Std., nach Montréal 7 Std. Im Sommer fliegt die Condor u. a. von Frankfurt/M. nach Halifax, von Toronto und Montréal gibt es Direktflüge nach Halifax, Moncton und St. John's. Die Preise der Transatlantik-Flüge schwanken je nach Saison zwischen 400 € und knapp 1000 € in der Touristenklasse. Erkundigen Sie sich im Reisebüro nach Sondertarifen und forschen Sie im Internet auf den Seiten einschlägiger Portale wie Expedia.de und flug.de nach preisgünstigen Angeboten. Viele Reiseveranstalter bieten günstige Pauschalreisen an, die neben dem Flug auch Unterkunft und Mietwagen einschließen. Gern stellt das Reisebüro auch individuelle Reisen als Fly & Drive-Tour zusammen.

Beim Umsteigen in Kanada wird die Passkontrolle bereits am ersten Flughafen im Land vorgenommen. Man bringt dort auch die Koffer durch den Zoll und gibt sie am Rollband für Anschlussflüge wieder ab.

REISEN IM LAND

MIT DEM FLUGZEUG

Ob Kleinstadt-Airport oder Landebahn im Busch, Dutzende regionale Flughäfen stehen für Reisende bereit. Angeflogen werden sie von kleineren Airlines oder der regionalen Air Canada Jazz, die der nationalen Fluggesellschaft Air Canada angeschlossen ist. Für Strecken innerhalb des Landes bietet Air Canada vergünstigte Tickets sowie Rundflugtickets (mit einer bestimmten Anzahl von Coupons) an. Diese Tickets müssen zusammen mit dem Transatlantikflug gebucht werden (nähere Auskünfte im Reisebüro).

Flightseeing lässt sich kurzfristig vor Ort organisieren. Lokale Chartergesellschaften übernehmen auch den Transport von Kanus und Campingausrüstung in die Wildnis.

MIT DEM AUTO ODER WOHNMOBIL

Auf den eigenen vier Rädern kann man Kanada am besten entdecken. Man hält an, wo und so lange man will, und genießt etwas, das zu Hause Mangelware ist: freie Straßen, freundliche Autofahrer und niedrigere Benzinpreise. Alle bekannten Mietwagenfirmen sind am Flughafen vertreten. Es genügt der nationale Führerschein, das Mindestalter ist 21 Jahre. Bei Vertragsabschluss wird eine Kreditkarte für die Kaution verlangt.

Den Mietwagen schon von zu Hause aus zu buchen ist zwar praktisch und der Sprache wegen einfacher, aber nicht unbedingt billiger: Die Preise hängen von den Rabatten der heimischen Veranstalter ebenso ab wie vom Dollarkurs. Zugleich produziert in Kanada der harte Wettbewerb immer wieder erstaunliche, kaum zu unterbietende Sondertarife. Dasselbe gilt für *mobile homes.* Wer erst in Ostkanada ein Wohnmobil mieten möchte › S. 23, dem sind die folgenden beiden bewährten Anbieter zu empfehlen:

Im Wohnmobil durch Ontarios traumhaften Indian Summer

Motor Home Travel Canada C5
- 14124 Highway 50 | Bolton Ontario | ON L7E 3E2 Tel. 416-743-4155 od. 1-877-228-2218 www.motorhometravel.com

Fraserway RV J4

- 726 Rocky Lake Drive | Bedford | Nova Scotia | NS B4A 2T7 | Tel. 902-835-8377 od. 1-800-263-5558 | www.fraserway.com

Bei einer Panne können Mitglieder kooperierender Automobilklubs (z. B. ADAC, AvD, ÖAMTC, TCS) gegen Vorlage der Klubkarte kostenlose Hilfe der Canadian Automobile Association (www.caa.ca) in Anspruch nehmen.

VERKEHRSREGELN

Die wesentlichen Verkehrsregeln entsprechen jenen in Mitteleuropa. Wichtige Ausnahmen: In Québec darf nur in Montréal nicht bei Rot rechts abgebogen werden; in keiner Provinz darf man an gelben Schulbussen vorbeifahren, sobald sie anhalten, auch nicht aus der Gegenrichtung; Parken vor Hydranten wird mit empfindlichen Geldbußen geahndet. Geschwindigkeitsbeschränkungen: 80 bis 110 km/h außerorts, auf Highways/Autoroutes, 40 bis 60 km/h innerorts. Das Anlegen von Sicherheitsgurten ist Pflicht, ebenso ganztags das Fahren mit Abblendlicht.

MIT DER BAHN

Die staatliche Eisenbahngesellschaft VIA Rail verbindet Toronto und Montréal mit Halifax am Atlantik. Nebenstrecken führen von Toronto nach Windsor und an die James Bay, von Montréal nach Gaspé und über Jonquière nach Cochrane. Wer sich Ostkanada auf einer Bahnreise erschließen will, tut dies am besten mit dem CanRailPass. Er ist in Deutschland bei der VIA-Rail-Generalvertretung (CRD International GmbH, Große Elbstr. 68, 22767 Hamburg, Tel. 0 40/30 06 16 70, www.crd.de) erhältlich, oder auch direkt online unter www.viarail.ca.

MIT DEM BUS

Zahlreiche Busgesellschaften, darunter Greyhound (www.greyhound.ca), bedienen ein umfangreiches Streckennetz, das auch die meisten touristisch interessanten Orte abdeckt. In die National- und Provinzparks gelangt man allerdings nicht mit dem Bus.

MIT FÄHREN

Autofähren sollten so früh wie möglich gebucht werden. Dies gilt vor allem für die Route Nova Scotia (North Sydney) – Newfoundland (Port aux Basques), aber auch für die übrigen Verbindungen, die über die Websites der Fährgesellschaften problemlos reserviert werden können:

- www.ontarioferries.com (Ontario)
- www.traversiers.com (Québec)
- www.ferries.ca (PEI/New Brunswick/Nova Scotia)
- www.marineatlantic.ca (Nova Scotia/Newfoundland)

WIE EINE FRAU EINE INSEL RETTET

Zita Cobb leitete auf Fogo Island einen grundlegenden Strukturwandel ein

»Phil's Shed«, ein Mittelding aus Kneipe und Partykeller, ist der soziale Mittelpunkt von Tilting, einem winzigen Fischerdorf auf **Fogo Island** c2. Die karge Felseninsel liegt vor der Nordostküste Neufundlands – und selbst für kanadische Verhältnisse weit ab vom Schuss. Tilting ist zwar hübsch anzusehen, doch die Jungen ziehen weg. Es gibt ja keine Perspektive hier.

Also nichts los hier? Mitnichten. Drei Rum Colas mit »oice« von echten Eisbergen später weiß ich es besser. Demnach hat Phil noch vier Brüder, die auch alle in Tilting leben. Einer hat Neufundland noch nie verlassen und hat es auch nicht vor. Besonders gerade jetzt nicht. Seit einigen Jahren kommen nämlich immer mehr Menschen aus aller Welt hierher, um das ultramoderne Squish Studio draußen auf der Klippe zu sehen. Und die B&Bs der Insel sind nun gut gebucht. Meist, sagt Phil und gießt nach, führe Fergus die Fremden zum Studio. Auch Fergus sei ein Fowley, er arbeite als »community host«, eine Art Fogo-Island-Erklärer, für Zita.

Es tut sich also was auf Fogo, und das hat mit Zita zu tun. Zita Cobb. Die schlaksige 60-jährige mit dem markanten Kurzhaarschnitt wurde hier geboren und ging, ein schneller als andere denkender Kopf, nach Kalifornien. Dort machte sie in der Glasfaserindustrie Karriere: 2001 war sie eine der bestbezahlten weiblichen Führungskrafte in Nordamerika. Dann kehrte sie nach Fogo zurück – als eine der reichsten Frauen Kanadas in eine der ärmsten Gemeinden. Und investierte ihr Vermögen in die Wiederbelebung ihrer siechen Inselheimat.

»Schreiben Sie jetzt bloß nicht die Heidi-Story«, sagt Cobb lächelnd, als wir uns zum Interview treffen. »Wir verschenken kein Geld.« Die grimmige Leidenschaft, die sie in der Unternehmenswelt nach oben getragen hat, ist nicht zu überhören. Ihr Ziel, die Wirtschaft anzukurbeln und zugleich die 400 Jahre alte Inselkultur für das Globalisierungszeitalter fit zu machen, verfolgt die von ihr gegründete Shorefast Foundation: Junge Unternehmer erhalten Kleinkredite, unterstützt werden Bemühungen um nachhaltige Fischerei und traditionelles Handwerk wie Bootsbau und Quiltstickerei. »Wir retten unsere Traditionen nur, wenn wir die Leute überzeugen können, zuhause zu bleiben«, sagt Cobb. »Fogo first« heißt es deshalb bei allen Projekten. Lassen sich alle Materialien auf der Insel besorgen, alle Jobs von Einheimischen erledigen?

Wichtigste Faktoren in Cobbs Masterplan sind Kunst und Tourismus. 2013 eröffnete sie in Joe Batt's Arm kurz vor Tilting das luxuriöse Fogo Island Inn. Die meisten der 80 Hotelangestellten sind von hier. Das Inventar stammt fast ausnahmslos von einheimischen Handwerkern und Näherinnen und ist verkäuflich. Auch die »Community Hosts« gehören dazu, eloquente Einheimische wie Fergus. Wie Jahr 1 war? Cobb schmunzelt. »Der Lernprozess war immens, aber wir Neufundländer haben die Gastfreundschaft im Blut. Bei der Schulung des Personals mussten wir darauf hinweisen, die Gäste nicht schon beim Einchecken zu umarmen!« Kunst versteht Zita Cobb als Türöffner zum Rest der Welt. Vier Studios in ultramodernem Design, über die Insel verteilt, locken Fotografen und Neugierige an. Kommunikation ist Cobb wichtig. »Die Anwesenheit von Künstlern befeuert die Auseinandersetzung in der Gemeinde. Auswärtige Designer und Künstler treffen auf unsere Handwerker. Dabei entstehen tolle Dinge, wie unsere modernen, aber noch immer neufundländischen Möbel im Hotel.«

Doch ohne die kulturell und sozial tief verwurzelten Einheimischen ginge das alles nicht. Sie sind der Joker in Zita Cobbs Zukunftsplänen. In »Phil's Shed« gesellen sich irgendwann noch mehr Fowleys dazu. Ich bekomme saftige Anekdoten serviert und jede Menge Newfie-Witze. Und nein, zur Fete am Samstag, ein alter Storyteller soll kommen, schaffe ich es leider nicht. Das löst echtes Bedauern bei den Fowleys aus.

INFO

- Fogo Island Town Office: Tel. 709-627-3570, www.townoffogoisland.ca
- Fogo Island Inn: Tel. 709-658 3444, 1-855-268-9277, www.fogoislandinn.com
- Fähre Farewell (– Change Island) – Fogo Island: Tel. 709-627-3492, 1-855-621-3150

SPORT & AKTIVITÄTEN

Schon die Landkarte stimmt auf Wildnis und Weite ein: Jenseits der wenigen schwarzen Pünktchen, die sich in einem 200 km breiten Streifen entlang der Grenze zu den USA lose zusammenfinden, ist nichts mehr – nur eine gewaltige Landmasse.

Outdoor im wahrsten Sinne des Wortes beginnt, sobald man vor die Türe tritt. Die einsamen Seen und endlosen Wälder Ostkanadas sind aufgrund der guten touristischen Infrastruktur auch weniger Erfahrenen zugänglich. Auskunft über das Outdoor-Angebot der Provinzen geben Broschüren der jeweiligen Tourismusbehörden > S. 153. Informationen über alle Nationalparks erhält man bei Parks Canada, wo auch online Infomaterialien bestellt und Wanderkarten heruntergeladen werden können (**Parks Canada National Office,** 30 Victoria Street, Gatineau, Qué. J8X 0B3, Tel. 819-420-9486, www.parkscanada.ca).

WANDERN

Wegen ihrer herrlichen Naturlandschaft besonders zu empfehlen sind in Ontario die Provinzparks Algonquin, Killarney, Superior und Sleeping Giant. Die Trails im kaum erschlossenen Pukaskwa National Park haben bei wildniserfahrenen Wandervögeln einen guten Ruf. Halb Ontario erwandern kann man auf dem 800 km langen Bruce Trail von Niagara Falls nach Tobermory. Das meist bergige Québec unter die Füße nehmen bedeutet, die verschiedensten Vegetationszonen zu durchqueren: Zum Beispiel erlebt der Wanderer im Parc national de la Gaspésie, im Parc national de Forillon oder im Parc national des Grands-Jardins mitteleuropäischen Mischwald und subarktische Tundra innerhalb nur weniger Stunden – und Hochwild, Elche und Karibus dazu. Durch alle Vegetationszonen führen schweißtreibende Hikes u. a. im Parc national des Hautes-Gorges. Die vier Nationalparks sind auch Québecs schönste Wanderreviere. Am Atlantik ragen die Trails im Cape Breton Highlands National Park heraus, während die beliebtesten Wanderreviere Newfoundlands in den Nationalparks Gros Morne und Terra Nova liegen.

Mehr zum Wandern > Seitenblick S. 93; gute Infoadressen sind:

Ontario Trails

Informationen zu Trails in Ontario.

- 500 Main St. | Deseronto
  Ont. K0K 1X0 | Tel. 613 396 3226
  www.ontariotrails.on.ca

Rando Québec

Auskünfte über Hiking in Québec.

- 4545 av. Pierre-de-Coubertin
  C.P. 1000 succ. M | Montréal
  Qué. H1V 0B2 | Tel. 514-252-3157
  1-866-252-2065
  www.randoquebec.ca

www.trails.com/canada
Informationen und Links für Wanderer und Mountainbiker zu allen kanadischen Provinzen und Territorien.

Hüttenwandern ist in Ostkanada – vom Hüttensystem im Parc national de la Gaspésie › S. 117 abgesehen – nicht bekannt. Wen es auf einen längen Trek in die Wildnis zieht, der muss einen Rucksack mit Campingausrüstung und Verpflegung schultern – und natürlich seine Abfälle wieder mitnehmen!

KANU- & KAJAKFAHREN

Das Kanu hat Kanada erschlossen und ist oft heute noch der einzige Schlüssel zu sonst unzugänglichen Gebieten. Wer im Kanu den alten Handelsrouten der Ureinwohner und *voyageurs* folgen möchte, führt Ausrüstung für mehrere Tage mit sich und trägt das Kanu auch mal an Stromschnellen vorbei. Outfitter und Kanuverleihe findet man meist vor Ort. Die schönsten Kanurouten › Seitenblick S. 32 gibt es in den Provinzparks Quetico, Killarney, French River und Algonquin in Ontario, im Parc national de la Mauricie, im Réserve faunique la Vérendrye in Québec sowie im Kejimkujik National Park in Nova Scotia.

Immer populärer wird auch Seakayaking › Seitenblick S. 32: Im winzigen Kajak durch die Wogen gleiten und Finn- und Buckelwalen auf Augenhöhe begegnen. Auch das sog. »Inn-to-Inn-Kayaking«, wobei man tagsüber paddelt und abends in gemütlichen B&Bs übernachtet, erfreut sich großer Beliebtheit. Die schönsten Seekajakreviere liegen am St.-Lorenz-Strom und am Atlantik.

Steiniger Aufstieg im Gros Morne National Park in Newfoundland

CANOEING & KAYAKING

Mit einer Million Seen und über 100 000 Flusskilometern sind Québec und Ontario reinste Paddler-Paradiese. Vor allem das Kanu, das urkanadische Fortbewegungsmittel, hilft die Wildnis bis heute erschließen. Zudem hat sich der Vetter des Kanus, das von den Inuit erfundene Kajak, inzwischen herrliche Reviere nicht nur am St.-Lorenz-Strom erobert: Mit Seelöwen und Walen auf Augenhöhe zu paddeln gehört auch in Atlantik-Kanada zu den Sternstunden des Lebens.

MIT DEM KAJAK ZWISCHEN WALEN UND EISBERGEN

Plötzlich kräuselt sich die Wasseroberfläche und beginnt zu brodeln: Ein 20 m langer Finnwal streckt seinen gewaltigen Kopf aus dem Wasser und nimmt den Paddler in Augenschein. Begegnungen dieser Art sind auf Kajaktouren durch die Inselwelt des **Réserve de Parc national de l'Archipel-de-Mingan** nicht selten. Trips durch den Havre-Saint-Pierre vorgelagerten Mingan-Archipel lohnen sich sowohl für nur einen Tag als auch für eine Woche.

Die weißen Schatten unter der Wasseroberfläche des **Saguenay-Fjords** am St.-Lorenz-Strom entpuppen sich hingegen als Belugawale. Eine Kajaktour zwischen den bis zu 400 m hohen Felswänden dieses südlichsten Fjords der Welt ist ein einmaliges Erlebnis.

Beim Seakayaking auf Newfoundlands **Iceberg Alley** vor dem Terra Nova National Park oder Twillingate bekommt man noch bis Ende Juni südwärts treibende Eisberge zu Gesicht. Wer es gerne etwas komfortabler mag, paddelt entlang der Küste von **Prince Edward Island** von Inn zu Inn. Empfehlenswerte Anbieter:

Sonnenuntergang im Algonquin Provicial Park

- **Fjord en Kayak** F3
  Organisiert ein- und mehrtägige Paddeltouren im Saguenay-Fjord sowie in anderen Gewässern der Region und auch kürzere kindgerechte Touren für unterschiedliche Altersgruppen.
  359 rue St-Jean-Baptiste
  L'Anse-Saint-Jean | Qué. GOV 1J0
  Tel. 418-272-3024
  www.fjordenkayak.ca
- **Mer et Monde Écotours Inc.** G3
  Hat Kajaktrips im Saguenay-Fjord und im St.-Lorenz-Strom im Programm.
  20 chemin Jalbert | Les Bergeronnes
  Qué. GOT 1G0 | Tel. 418-232-6779
  www.meretmonde.ca
- **Coastal Adventures** J4
  Bietet ein- und mehrtägige Seakayaktouren in Nova Scotia und Newfoundland an.
  84 Mason's Point Rd. | Tangiers
  NS B0J 3H0 | Tel. 902-772-2774 od.
  1-877-404-2774
  www.coastaladventures.com
- **Outside Expeditions** J3
  Spezialisiert auf Seakayaking in den Atlantikprovinzen, auch als Inn-to-Inn-Paddeltrips.
  P. O. Box 337 | North Rustico
  PEI C0A 1X0 | Tel. 902-963-3366
  www.getoutside.com

IM KANU DURCH DIE WILDNIS

Im **Algonquin Provincial Park** › S. 84 hat man auf 1500 km Kanurouten die Qual der Wahl – von eintägigen Ausflügen bis mehrwöchigen Härtetrips. Zu den schönsten Routen zählt die Runde Canoe Lake – Little Joe Lake – Burnt Lake – Opeongo Lake – Canoe Lake, bei dem man jeweils nur kurze Tragepassagen *(portages)* zu überwinden hat und die zahlreichen Buchten und Felseninselchen der Seen für reichlich Abwechslung sorgen. Die Tour vom Kioshkokwie zum entlegenen Cedar Lake besticht vor allem wegen der vielen Eistaucher, aber auch wegen der Elche, die häufig dicht ans Wasser herankommen. Im Sommer sollte man die Zeltplätze im Algonquin Provincial Park mehrere Monate im Voraus buchen.

Auf historischen Kanurouten von Indianern und Pelzhändlern paddelt man auf dem **Ottawa,** dem **Mattawa** und vor allem dem von Inseln und Halbinseln extrem zerfaserten **French River.** › mehr S. 12 Punkt 3 Auch der **Killarney Provincial Park** bietet idyllische Kanuwanderwege. Empfehlenswerte Outfitter:

- **Algonquin Outfitters** C4
  Beim ältesten Outfitter der Gegend kann man sowohl geführte Kanuwanderungen buchen als auch seine Ausrüstung für einen Kanutrip auf eigene Faust vervollständigen.
  RR 1 | Dwight | Ont. P0A 1H0
  Tel. 1-800-469-4948
  www.algonquinoutfitters.com
- **French River Adventures** C4
  Bester Ausrüster von Kanutrips auf dem French River in Nord-Ontario.
  c/o The Lodge at Pine Cove
  P.O. Box 91 | Noelville
  Ont. P0M 2N0 | Tel. 705-898-2500
  www.frenchriver.com

PADDELN IM WEB

Die besten Paddelreviere Ontarios stellen sich unter www.ontarioparks.com/paddling vor. Kanurouten und Tripreports für alle kanadischen Provinzen findet man unter www.myccr.com.

WILDWASSER-RAFTING

Wo Trapper einst ihre Kanus über Land ziehen mussten, toben sich heute Touristen in Gummibooten aus: Viele Stromschnellen Ostkanadas sind heute feuchtfröhliche Abenteuerspielplätze. Die besten Raftingreviere im Osten sind der Ottawa River bei Beachburg sowie der Rivière Rouge zwischen Ottawa und Montréal. Zwei empfehlenswerte Raftingadressen sind:

Wilderness Tours D4
Profilierter Outfitter für Touren auf dem Ottawa River; mit eigenem Resort für den Aktivurlauber.

- 503 Rafting Rd.
  Foresters Falls | Ont. K0J1V0
  Tel. 613-646-2241 | 1-888-723-8669
  www.wildernesstours.com

Propulsion E4
Guter Anbieter von Trips auf dem Rivière Rouge; mit Camping und kleine Hütten.

- 619 chemin de la Rivière-Rouge Grenville-sur-la-Rouge | Qué. J0V 1B0
  Tel. 1-800-461-3300 | www.propulsion.ca

HAUSBOOTFERIEN

Gemächlich-erholsam geht es auf einem Hausboottörn zu. Mit Küche, Aufenthaltsraum, Barbecue und Sonnendeck sind diese Wohnmobile auf Pontons bestens ausgestattet. Im buchten- und inselreichen Lake of the Woods (Ont.) findet man selbst während der Hochsaison einsame Buchten. Der 400 km lange historische Trent-Severn Waterway, der durch die Seenplatte der Kawartha Lakes › S. 76 führt, ermöglicht die geruhsame Entdeckung Zentral-Ontarios. Wer hier im Sommer mit einem Hausboot schippern möchte, sollte schon im Februar buchen (**Egan Marine Sunburst Houseboat Rentals** C5, 23 Lila Ct., Omemee, Ont. K0L 2W0, Tel. 705-799-5745, 1-800-720-3426, www.houseboat.on.ca).

ANGELN

Über eine Million Seen allein in Ontario und Québec und rund 140 Fischarten: Kein Wunder, dass Angeln in Kanada zu den beliebtesten Freizeitaktivitäten zählt. Fangfische sind v. a. Forelle, Flussbarsch, Zander, Hecht und Lachs.

Die schönsten Angelreviere Ontarios sind Lake Temagami, Lake of the Woods und die nur per Wasserflugzeug erreichbaren Seen im Nordwesten. Forelle, Flussbarsch und besonders Lachs warten in Québec und den Atlantikprovinzen. Gute Forellen- und Lachsreviere sind die Rivière Matapédia, die Ile d'Anticosti (beide Québec), der Miramichi River (NB) und die Flüsse auf Cape Breton Island (NS).

Eisfischen auf zugefrorenen Seen und Flüssen ist v. a. in Québec und in Atlantik-Kanada populär.

Bevor man die Leine auswirft, muss man beim nächsten Outfitter – im Nationalpark beim Besucherzentrum – eine Angellizenz erwerben. Sie kostet je nach Dauer und Provinz 30 bis 120 $. Ohne sie kann der Tag am See mit einer fünfstelligen Geldstrafe enden. Über Fangquoten und Angelzeiten informieren der Lizenz beigelegte Broschüren.

WINTERSPORT
Nördlich von Montréal und Québec City liegen Skireviere mit Abfahrten auf olympischem Niveau und herrlichen Langlaufloipen durch weiße Winterwunderlandschaften. Eine beliebte Skiregion im Süden von Ontario ist das Blue-Mountain-Gebiet nahe Collingwood. Schneeschuhwanderungen oder geführte Hundeschlittetouren runden das Winterangebot ab. Die Website www.skicanada.org bietet umfassende Informationen rund ums Skifahren und Snowboarden in Kanada, mit zahlreichen Links zu den Skigebieten der Provinzen

Beste Wintersportbedingungen im Skigebiet Mont-Tremblant, Québec

UNTERKUNFT

Übernachtungsmöglichkeiten in Hülle und Fülle machen das Reisen im Osten angenehm. Ob ein billiges Motelzimmer am Highway, ein Gemach mit Himmelbett in historischem Gemäuer oder eine Airbnb-Unterkunft: In der Regel pflegt man nach Geschmack und Geldbeutel zu logieren.

Dabei wird Letzterer meist nicht so arg strapaziert wie daheim. Selbst in der Hochsaison darf man für etwas über 100 $ ein geräumiges Zimmer mit Telefon, Kabelfernsehen und WLAN erwarten. Die Preisunterschiede zwischen Haupt-, Übergangs- und Nebensaison können jedoch beträchtlich sein. Zudem pflegen Zimmer wochentags und sonntags etwas preiswerter zu sein als an Wochenenden und Feiertagen. Überdies gilt auch in Kanada: »Location, Location, Location!« Je zentraler oder schöner die Lage, je größer die Nähe zur weltberühmten Touristenattraktion, desto teurer die Übernachtung. Gute Angebote findet man auch auf einschlägigen Internetseiten wie http://ca.hotels.com, www.expedia.ca oder www.airbnb.de.

Die Preise in den Städten sind meist pro Zimmer angegeben, wobei die Belegung mit ein oder zwei Personen keine Rolle spielt: Ein Kingsize-Bett gehört zur Grundausstattung, Kinder bis 10 bzw. 12 Jahren schlafen im Zimmer der Eltern oft kostenlos. Andererseits gelten die Preise für Lodges und Resorts in entlegenen Wildnisgebieten oft pro Person, beinhalten dafür aber meist zwei Mahlzeiten und freie Nutzung des Freizeitangebots.

Die herrlich nostalgische Lobby des traditionsreichen Fairmont Royal York Hotel, Toronto

HOTELS & MOTELS

Eher nüchterne, gesichtslose Unterkünfte, die ausschließlich der Übernachtung während der Durchreise dienen: Motels und Motor-Hotels zählen zu den preiswertesten Übernachtungsmöglichkeiten in Ostkanada, viele Economy-Unterkünfte werden von Hotelketten wie Best Western (www.bestwestern.com), Days Inn (www.wyndhamhotels.com), Novotel (www.novotel.com) oder Quality Inn (www.qualityinn.com) gemanagt und lassen sich problemlos über das Internet oder eine gebührenfreie 1-800-er-Nummer reservieren. Wer auf Nummer Sicher gehen und am Ende des Tages keine böse Überraschung erleben möchte, sollte sich unterwegs einer

RESERVIEREN & STORNIEREN

Der Kampf um Gäste wird mit harten Bandagen geführt. Selbst Nobelherbergen pflegen mit Sonder- und Wochenendtarifen, auch auf ihren Social-Media-Kanälen, um Gäste zu buhlen. Es lohnt sich daher immer, nach Ermäßigungen zu fragen. Sie können Ihr Zimmer am einfachsten über die gebührenfreien 1-800- bzw. 1-866-Nummern der Hotels reservieren. Als Sicherheit bittet die Rezeption um Ihre Kreditkartennummer. Erkundigen Sie sich nach der *cancellation policy*, den Stornierungsbedingungen. Bei vorhersehbarer späterer Ankunft ist es ratsam, das Hotel zu benachrichtigen, damit die Reservierung auch nach 18 Uhr bestehen bleibt. Frühzeitiges Buchen ist nicht nur in der Hauptsaison zu empfehlen. Vor allem kleinere bzw. abgelegene Lodges und Camps sind schnell ausgebucht.

dieser verlässliche Standards garantierenden Hotelketten anvertrauen. Rechnen Sie mit Preisen von 80 bis 150 $ pro Nacht.

COUNTRY INNS, RESORTS, B & BS & LODGES

Die Nacht zu einem erinnerungswürdigen Erlebnis machen andere Unterkünfte:

Country inns bzw. *Auberges* (200–300 $) zum Beispiel sind schön gelegene, persönlich eingerichtete Landgasthöfe, in denen die Hand des Besitzers zu spüren ist. In Ontario gehören viele der Inns der Vereinigung **Resorts of Ontario** an (Tel. 705-325-9115, www.resortsofontario.com), in Québec heißt die entsprechende Organisation **Ôrigine artisans hôteliers** (Tel. 514-861-4024, www.originehotels.com).

Resorts bzw. *Hôtels villégiatures* (140–360 $) sind moderne Unterkünfte mit umfangreichem Freizeitangebot, oft nahe bei National- oder Provinzparks gelegen.

Bed and Breakfasts (B & Bs) bzw. *Gites du passants* (70–160 $) bieten Übernachtung in Privathaushalten und – professioneller – in charmanten, oft historischen Häusern mit opulentem Frühstück (große Auswahl unter www.bbcanada.com).

Lodges und *Camps* (150–400 $) schließlich sind rustikale Quartiere unterschiedlichen Komforts in der Wildnis und zielen auf Wanderer, Jäger und Angler.

JUGENDHERBERGEN

Einfache und günstige Unterkunft bieten *Youth hostels* bzw. *Auberges de jeunesse*. Sie entsprechen den europäischen Jugendherbergen, der Übernachtungspreis liegt bei 25 bis 50 $. Eine Auflistung mit Hostel-Informationen zu den jeweiligen Destinationen findet man unter www.hihostels.ca.

DIE SCHÖNSTEN B & BS

- In dem kleinen ländlichen Weiler Maryhill, 15 km östlich von St. Jacobs, erwartet das urgemütliche, liebevoll renovierte und ebenso eingerichtete **Maryhill Inn** aus dem 19. Jahrhundert Ruhe liebende Gäste. > S. 88
- Mittendrin: Das durchgestylte **Anne ma soeur Anne** ist ein beliebtes *pied-sur-terre* in Montréals angesagtem Künstlerviertel Plateau Mont-Royal. > S. 106
- Ein romantisches B & B mit herrlichem Blick über den St.-Lorenz-Strom ist **La Maison Victoria** bei La Malbaie. Gleichzeitig ist es ein prima Sützpunkt für Wanderungen im Charlevoix. > S. 113
- Gemütliches Cape-Cod-Haus an der wild-romantischen Küste von Cape Breton Island: Das **Sea Parrot Ocean View Manor** ist eines der schönsten Getaways am Atlantik. > S. 135
- Im äußersten Norden von Neufundland Northern Peninsula wartet in St. Anthony das gemütliche **Fishing Point B & B** mit einem herrlichen Blick auf den schönen Naturhafen. > S. 145

Raus geht's auf die Weide –
Schafzüchterin in Süd-Ontario

LAND & LEUTE

STECKBRIEF

- **Fläche:** 3 149 580 km^2, davon Ontario 1 068 580 km^2, Québec 1 540 680 km^2, New Brunswick 73 440 km^2, Prince Edward Island 5660 km^2, Nova Scotia 55 500 km^2, Newfoundland & Labrador 405 720 km^2
- **Höchster Punkt:** Mount Caubvick (in Québec Mt-D'Iberville, 1642 m) an der Grenze von Québec und Labrador
- **Bevölkerung:** Ostkanada 25,1 Mio. Einw., davon Ontario 14,3 Mio., Québec 8,4 Mio., New Brunswick 0,77 Mio., Prince Edward Island 0,15 Mio., Nova Scotia 0,96 Mio., Newfoundland & Labrador 0,53 Mio.
- **Größte Städte:** in Ontario Toronto (6,4 Mio. Einw.) und Ottawa (1,3 Mio. Einw.), in Québec Montréal (4,1 Mio. Einw.) und Québec City (806 000 Einw.), in Atlantik-Kanada Halifax (418 000 Einw.), in Newfoundland & Labrador St. John's (214 000 Einw.)

- **Währung:** Kanadischer Dollar (can$)
- **Sprachen:** Englisch, Französisch. Nur in Québec ist Französisch Amtssprache.
- **Zeitzonen:** MEZ –6 Stunden in Ontario und Québec, MEZ –5 Stunden in Atlantik-Kanada, MEZ –4,5 Stunden in Newfoundland
- **Landesvorwahl:** 001

LAGE & LANDSCHAFT

Kanadas Osten macht etwa die Hälfte des gut 10 Mio. km^2 großen Landes aus. Hier reicht der Kanadische Schild, die 3,6 Mrd. Jahre alte Gneiß- und Granitplatte mit endlosen Wäldern und einsamen Seen, von Baffin Island bis Manitoba, berührt fast Toronto und Montréal und endet bei Québec City am St.-Lorenz-Strom. Der rund 3000 km lange Fluss ist die Hauptverbindung zwischen Atlantik und den Großen Seen, mit einer Fläche von über 250 000 km^2 das größte Süßwasserreservoir der Welt. Die »Vorratskammer« von Ostkanada ist das fruchtbare St.-Lorenz-Tiefland, eingebettet zwischen dem Kanadischen Schild und den Appalachen. Die mittelgebirgsartige Region ist durchschnittlich 600 m hoch und geologisch jünger als der Schild.

POLITIK & VERWALTUNG

Der Bundesstaat Kanada besteht aus zehn Provinzen und drei Territorien. Nominelles Staatsoberhaupt ist die britische Königin Elisabeth II., die gesetzgebende Gewalt geht jedoch allein vom Parlament in Ottawa aus. Es besteht aus zwei Kammern, dem House of Commons und dem Senate. Die Bundesregierung ist u. a. zuständig für Außenpolitik, Verteidigung, Finanzen, Handel und Ureinwohner. Alle anderen Bereiche obliegen den Provinzen.

WIRTSCHAFT

Kanadas mit Abstand wichtigster Handelspartner sind mit rund 75 % aller Exporte und über 65 % aller Importe die USA. Seit Einrichtung der Freihandelszone NAFTA 1994 sind beide Länder wirtschaftlich eng verknüpft. Nach zähen Verhandlungen mit den USA gibt es seit Okt. 2018 auch eine NAFTA-Neuauflage mit dem Namen USMCA (USA-Mexiko-Kanada-Abkommen). Neue Impulse erwartet man von dem im Sept. 2017 vorläufig in Kraft getretenen Freihandelsabkommen CETA mit der EU.

Nach wie vor ist der Agrarsektor bedeutend, v. a. mit Gemüseanbau, Milchwirtschaft und Geflügelzucht. Wein wird in der Niagara-Region angebaut, PEI gilt als Kartoffelinsel, und das Annapolis Valley in Nova Scotia versorgt die Nation mit Obst. Die Forstwirtschaft hat noch immer Gewicht in Kanadas Handelsbilanz. Nach dem Verbot des Kabeljaufangs stieg vor allem Newfoundland auf Öl und Erdgas um, die Ölfelder im Nordatlantik zählen zu den größten des Kontinents. Dank gewaltiger Wasserkraftwerke in Québec und Labrador ist das Land zudem von Energieimporten weitgehend unabhängig. Kanada besitzt eine zukunftsorientierte verarbeitende Industrie. Führend ist das Land u. a. in der Bio- und Informations-/Kommunikationstechnologie.

Mit 70 % hat der Dienstleistungssektor den größten Anteil am BIP, gefolgt von der Industrie und Bauwirtschaft mit 18 %, Bergbau, Öl- und Gasförderung mit 10 % und der Land-, Forst- und Fischereiwirtschaft mit nur 2 %. Der von der Weltwirtschaftskrise ab 2008 besonders betroffene verarbeitende und Rohstoffsektor, v. a. Erdöl und Erdgas, hat sich durch verstärkte Nachfrage speziell aus China relativ rasch wieder stabilisiert. Vom Preisverfall bei Erdöl und -gas hat sich die kanadische Wirtschaft Ende 2018 dank einer soliden Wachstumsrate von 3,1 % in allen Sektoren erholt.

BEVÖLKERUNG

Von Kanadas 36,7 Mio. Einwohnern leben über 25 Mio. im Osten, v. a. im 200 km breiten Korridor nördlich der Grenze zu den USA. Die größten Bevölkerungsgruppen wurzeln in den zwei *founding nations* Frankreich und Großbritannien, als dritte gilt die Urbevölkerung. 55 % von Ontarios Einwohnern haben angelsächsische Vorfahren, der Rest sind Einwanderer v. a. aus Italien, Skandinavien und Deutschland. Auch in den Maritimes stammt das Gros aus dem Vereinigten Königreich. Hingegen führen 90 % der 8,3 Mio. Québécois ihre Herkunft auf französische Siedler des 17. Jhs. zurück. In den übrigen Provinzen leben frankofone Minderheiten. Die überwiegend in Reservaten angesiedelte Urbevölkerung (*first nations)* zählt weit über 600 000 Menschen.

GESCHICHTE IM ÜBERBLICK

70 000–12 000 v. Chr. Jäger und Sammler aus Asien gelangen über die Landbrücke der Beringstraße nach Amerika.

Ca. 1000 n. Chr. Grönländische Wikinger landen in L'Anse aux Meadows (Neufundland).

1497 John Cabot betritt als erster (offizieller) Europäer Newfoundland.

1534–1541 Jacques Cartier erkundet den St.-Lorenz-Strom und beansprucht Kanada für Frankreich.

1605 Samuel de Champlain legt den ersten Handelsposten Port-Royal (Nova Scotia) an. Akadier siedeln an der Bay of Fundy.

1608 Champlain gründet Québec. Engländer und Franzosen siedeln in Newfoundland. Henry Hudson entdeckt die (später nach ihm benannte) Hudson Bay.

1642 An der Stelle des heutigen Montréal entsteht Ville-Marie.

1663 Neufrankreich wird französische Provinz.

1670 Englische Kaufleute gründen die Hudson's Bay Company. Engländer und Franzosen kämpfen um Vorteile im Pelzgeschäft.

1713 Frankreich tritt im Frieden von Utrecht seine Besitzungen an der Atlantikküste an England ab.

1749 Die Briten gründen Halifax. Schotten siedeln in Nova Scotia.

1759 Québec-Stadt wird von den Briten erobert.

1763 Im Frieden von Paris verzichtet Frankreich auf alle Besitzungen in Nordamerika.

1774 Québec Act: England verbrieft den französischen Siedlern das Recht auf eigene Sprache, Religion und Rechtsprechung.

1783 50 000 königstreue Loyalisten wandern nach der Unabhängigkeitserklärung der USA nach Britisch-Nordamerika aus.

1791 Constitutional Act: Teilung der Kolonie in Upper Canada (Ontario) und Lower Canada (Québec) nach Spannungen zwischen Anglo- und Frankokanadiern.

1812–1814 Britisch-Amerikanischer Krieg u. a. um die Kontrolle über die Großen Seen. 24.12.1814 Frieden von Gent.

1841 Wiedervereinigung von Upper und Lower Canada zur Province of Canada.

1. Juli 1867 Geburtsstunde Kanadas: Québec, Ontario, Nova Scotia und New Brunswick bilden das Dominion of Canada. Später folgen die Provinzen Manitoba (1870), British Columbia (1871), Prince Edward Island (1873), Alberta und Saskatchewan (1905), als letzte Newfoundland & Labrador (1949).

1939–1945 Im Zweiten Weltkrieg kämpft Kanadas auf der Seite der Aliierten, die Wirtschaft boomt v. a. bei kriegswichtigen Gütern.

nach 1949 Kanada öffnet sich Einwanderern aus aller Welt.

1959 Eröffnung des St. Lawrence Seaway für den Gütertransport.

1960er-Jahre »Révolution tranquille«: In Québec verliert die Kirche während der Stillen Revolution ihre Machtstellung. Kulturelle Rückbesinnung der Québécois.

1970 Die terroristische Front de Libération du Québec (FLQ) ermordet Arbeitsminister Pierre Laporte. Trudeau verhängt den Ausnahmezustand in Québec.

1976 Olympische Sommerspiele in Montréal. Wahlsieg der separatistischen Parti Québécois (PQ).

1980 Erstes (erfolgloses) Referendum zu Québecs Unabhängigkeit.

1982 Constitution Act: neue kanadische Verfassung, die nur Québec nicht ratifiziert.

1987 Québec will die Verfassung ratifizieren bei Anerkennung als *société distincte*. Als Newfoundland und Manitoba 1990 nicht ratifizieren, tritt auch Québec zurück.

1992 Charlottetown-Referendum: Die Mehrzahl der Kanadier entscheidet sich für den verfassungsrechtlichen Status quo. Das Fangverbot für Kabeljau macht 25 000 Newfoundlander arbeitslos.

1994 Wahlsieg der PQ in Québec.

1995 Zweites (erfolgloses) Referendum zur Separation Québecs.

2004 Der Liberale Paul Martin löst Jean Chrétien als Premier ab.

2006 Bei vorgezogenen Bundeswahlen siegen die Konservativen unter Stephen Harper (CPC).

2008 Die Bundesregierung entschuldigt sich bei der Urbevölkerung für das »residential school system« zur Zwangsassimilierung.

2011 Premier Harper erlangt bei den Parlamentswahlen knapp die absolute Mehrheit.

2012 Die Offshore-Förderung von Erdöl und Erdgas befeuert einen anhalten Wirtschaftsboom in Newfoundland & Labrador.

2016 Der im Jahr zuvor ins Amt gewählte liberale Premierminister Justin Trudeau treibt innen wie außen eine weltoffene Politik voran.

2018 Nach dem Ende des Preisverfalls von Öl und Erdgas verzeichnet Kanada wieder ein solides Wachstum in allen Branchen. Cannabis wird in ganz Kanada legalisiert. In Ontario wird der konservative Populist Doug Ford zum Premier gewählt, die Liberalen müssen nach 15 Jahren in die Opposition.

NATUR & UMWELT

Wenn andere Länder, stellte der kanadische Premier William L. M. King (1874–1950) einmal fest, zu viel Geschichte haben, so habe Kanada zuviel Geografie … Doch heute ist selbst Kanadas endlos scheinende Wildnis von Umweltproblemen bedroht.

FLORA & FAUNA

Vier Waldgürtel mit jeweils charakteristischer Flora bedecken den Osten. Reiner Laubwald ist nur im äußersten Süden Ontarios zu finden. Ansonsten dominiert im Süden Mischwald, Birken, Eichen, Ahorn und diverse

Kiefernarten sind typisch für die relativ dicht besiedelten Regionen von Ontario, Québec und den Atlantikprovinzen (außer Newfoundland and Labrador). Jenseits der Linie Newfoundland – Lake Superior beginnt mit Kiefern, Fichten und Schwarztannen der boreale Nadelwald. Hier sind Elche, Virginiahirsche, Biber, Schwarzbären und Weißkopfseeadler zu Hause.

Nach einer breiten Übergangszone auf der Höhe der James Bay geht der Nadelwald in subarktische Tundra über, wo nur noch Moose, Bodenflechten und Wildblumen gedeihen. Riesige Karibuherden ziehen durch diese karge Landschaft, die sie sich mit Moschusochsen und Eisbären teilen. Verschiedene Wal- und Robbenarten tummeln sich vor den Küsten und im St.-Lorenz-Strom.

UMWELTPROBLEME

Die Großen Seen und der St.-Lorenz-Strom haben mit Industrieabwässern zu kämpfen. Die einst reichen Kabeljau-Bestände vor Newfoundland haben sich selbst nach weit über 20 Jahren Fangverbot noch nicht erholt. Mehrere Dutzend Tierarten gelten als bedroht, Maßnahmen von Bund und Provinzen greifen nur langsam. Zum Erhalt der gefährdeten Wildbestände wurden zumindest Fang- und Abschussquoten festgelegt.

Lange weigerte sich die konservative Bundesregierung, ein verlässlicher Partner der Öl- und Gasindustrie, iihren Verpflichtungen gegenüber dem 2002 ratifizierten Kyoto-Protokoll nachzukommen. Erst seitdem der Ende 2015 ins Amt gewählte Premier Justin Trudeau im Frühjahr 2016 das Klimaabkommen von Paris unterzeichnet hat, ist Kanadas Umweltschutz wieder vorzeigbar.

In der einsamen Wildnis des Parc national de la Gaspésie in Québec

NATIONAL & PROVINCIAL PARKS

Kanada hat über 40 Nationalparks. Ihre Aufgabe ist der Schutz landschaftlich einzigartiger Gebiete und Ökosysteme. Knapp die Hälfte der Nationalparks liegt im Osten. Der Natur- und Tierschutz steht in diesen meist unberührten Wildnisgebieten an erster Stelle. Besucher müssen sich strengen Regeln beugen. Tiere dürfen nicht belästigt oder gejagt, Pflanzen nicht beschädigt werden. Hiker und Kanuwanderer dürfen ihre Lagerfeuer nur an dafür vorgesehenen Stellen entfachen und müssen ihre Abfälle mitnehmen. Angeln ist dagegen erlaubt. Die dazu notwendige Lizenz *(fishing permit)* ist nicht teuer und bei der Parkverwaltung erhältlich › S. 34.

Die Eintrittspreise liegen zwischen 4,90 und 9,80 $ pro Person/Tag, der ein Jahr gültige Parks Canada Discovery Pass kostet 67,70 $ für Erwachsene, 57,90 $ für Senioren, ist gratis für Jugendliche bis 16 Jahren und enthält auch den freien Eintritt zu allen nationalen Gedenkstätten. Moderne Visitor Centres vermitteln anschauliche Überblicke über Geologie, Natur- und Kulturgeschichte eines Parks. Parkranger informieren dort über Wanderwege und Kanutrails. Mehrtägige Hikes ins Hinterland *(backcountry)* müssen angemeldet werden. Detaillierte Infos zu allen kanadischen Nationalparks findet man unter www.parkscanada.ca.

Naturschutz und Erholung stehen auch in den Provincial Parks im Vordergrund, deren Verwaltung der jeweiligen Provinz obliegt. Viele dieser Parks stehen den Nationalparks hinsichtlich ihrer Naturattraktionen kaum nach und ähneln auch in ihrer Ausstattung den Nationalparks.

MULTIKULTURALISMUS

Während das klassische Einwandererland Kanada seinen Multikulturalismus aktiv fördert und schützt, treiben ausgerechnet zwei seiner drei Gründervölker öfters mal quer.

FRANKO- & ANGLOKANADIER

So ist das französischsprachige Québec für seine zentrifugalen Tendenzen bekannt. »Kanada soll uns endlich respektieren« fordern nicht nur separatistische Québécois. Zweimal wäre es beinahe zum Bruch gekommen. Beim Referendum 1995 stimmten ganze 50,6 % für den Verbleib bei Kanada, der Staat Kanada überlebte mit gerade 54 000 Stimmen. Der damalige Premierminister Jean Chrétien bot Québec den verfassungsmäßig garantierten Status einer *Société Distincte* an. »Nein danke« hieß es knapp aus Québec, man sei bereits eine *Nation Distincte*.

Auch die übrigen Provinzen zeigten dem Premier die kalte Schulter. Dezentralisierung ja, aber dann bitteschön für alle, hieß es von Ontario bis

British Columbia. In den Atlantikprovinzen dachten einige derweil laut über den Anschluss an die USA nach. Dank Wirtschaftskrise und fortschreitender Globalisierung ist die Unabhängigkeit dieser Tage in den Hintergrund gerückt. Ob sie endgültig vom Tisch ist, muss die Zukunft zeigen.

FIRST NATIONS, INUIT, MÉTIS

Auch Kanadas Problemehe mit der dritten *founding nation* hält an. Die Urbevölkerung – Indianer (bzw. politisch korrekt *first nations*), Inuit und die indianisch-weiße Ethnie der Métis – beträgt über 1,1 Mio. Menschen. › mehr S. 19 Punkt 45 Gut die Hälfte der First Nations lebt im Osten, davon wiederum mehr als die Hälfte in Reservaten. Die größten sind Grand River (Ontario) mit 22 000 Six Nations sowie Kahnawake (Québec) mit 8500 Mohawk (Schätzwerte). Das Verhältnis des weißen Kanada zur Urbevölkerung ist zwiespältig. Einerseits reflektiert die offizielle Lesart historische Realitäten. Danach hat der weiße Mann dem roten das Land weggenommen, deshalb vegetieren noch immer viele Ureinwohner in verwahrlosten Reservaten. Andererseits glaubt so mancher Franko- oder Anglokanadier bisweilen betonen zu müssen, dass die First Nations keine Steuern zahlen und ein Vermögen im Waffen- und Drogenschmuggel sowie im Online-Glücksspiel machen. Die Wahrheit liegt irgendwo dazwischen.

Auch wenn den kanadischen First Nations Vernichtungskriege wie südlich der Grenze erspart blieben: Die Regierung eignete sich ihr Land an, teils mittels dubioser Verträge, teils ohne, schob die inzwischen durch Tuberkulose und Masern dezimierte Urbevölkerung in Reservate ab und suchte den Kindern mit Hilfe der berüchtigten *residential schools* das Indianersein auszutreiben – wofür sich Premier Harper 2008 in einer Rede offiziell entschuldigte. Erst in jüngerer Zeit hat die Zahl der First Nations wieder ihren alten Stand erreicht. Für die über 600 000 *status indians* (vom Staat anerkannte Ureinwohner) ist das jedoch kein Grund zum Jubeln. Rund 70 % sind arbeitslos, und auch die übrigen sozialen Verfall anzeigenden Horrordaten – Drogenabhängigkeit, Selbstmordrate, Kriminalität – liegen weit über dem Landesdurchschnitt.

Hilflos sind Kanadas First Nations allerdings nicht mehr. Seit 1975 die Cree an der James Bay für 225 Mio. Kanadische Dollar Teile ihres Jagdgebiets zum Bau von Wasserkraftwerken an Québec abtraten, häufen sich die Land- und Kompensationsansprüche. Und seit »Oka« werden diese noch selbstbewusster vorgetragen: Bei Oka nahe Montréal trotzten 1990 die Mohawk aus dem Reservat Kanesatake während einer 78-tägigen Belagerung 3000 Soldaten und Polizisten. Sie waren auf die Barrikaden gegangen, weil der örtliche Golfklub sein Green auf Kosten einer alten Grabstätte erweitern wollte. Die dramatische Aktion verlief für die Mohawk erfolgreich, die Grabstätte und der umgebende Wald blieben erhalten. Die Krise machte aber auch den tiefen Riss zwischen Rot und Weiß deutlich.

KUNST & KULTUR

Die Gründervölker und Einwanderer aus aller Welt sorgten und sorgen in Kanadas Osten für eine kreative Atmosphäre und eine Vielfalt des Kulturschaffens in allen Bereichen.

ARCHITEKTUR

Kanadas erste Steinhäuser wurden Mitte des 17. Jhs. in Nouvelle France errichtet. Stilprägend war der französische Klassizismus, wie die Basilique Notre-Dame (1647) in Québec-Stadt demonstriert. Mit den Loyalisten aus den USA gelangte britische Bautradition nach Kanada, der nüchterne georgianische Stil, am besten zu sehen in Museumsdörfern wie Upper Canada Village, dominierte bis ca. 1800. Später setzte sich der britische Klassizismus mit Hang zur Symmetrie durch, Exempel hierfür sind das Marché Bonsécours (1847) in Montréal und das Province House (1847) in Charlottetown.

In den 1920er-Jahren ermöglichten Stahlgerüste den Bau erster Hochhäuser. Zunächst dominierte der Bauhausstil, in den 1960er-Jahren schossen in Montréal und Toronto funktionale Bürotürme in die Höhe. Mehr Individualität hielt mit der Postmoderne Ende der 1980er Einzug: Zu Glas und Stahl gesellten sich Marmor, Goldbeschichtungen und Stilelemente diverser Epochen. Seit Beginn des 21. Jhs. weicht die Postmoderne einem menschenfreundlichen Neomodernismus. Vor allem in Toronto, aber auch in Montréal und Vancouver, schaffen kanadische Architekten wie die des weltweit arbeitenden Büros KPMB (www.kpmb.com) neue, ältere Bausubstanzen respektierende Gebäude aus Glas, Holz und Stahl, die überwiegend Begegnungsräume für Menschen sein wollen.

Die Galleria Italia in Torontos Art Gallery of Ontario

Zunächst erregte jedoch **Moshe Safdie** mit dem Wohnwürfel Habitat ’67 Aufsehen. **Ed Zeidler** verewigte sich mit dem richtungweisenden Konsumpalast Eaton Centre in Toronto. **Douglas Cardinal** lieferte in Gatineau (Hull) mit dem Musée Canadien des Civilisations (heute: Musée Canadien de l‘Histoire) einen ungewöhnlichen Beitrag. Und seit Anfang des 21. Jhs. erlebt vor allem Toronto eine beispiellose Architekturrenaissance unter Mitwirkung u.a. des Stararchitekten **Frank Gehry**, der die Art Gallery of Ontario in einen sehenswerten Kokon aus Glas und Holz gehüllt hat.

MALEREI

Die Kunst Neufrankreichs begann mit der sakralen Malerei, als erster professioneller Maler in Ontario gilt **Paul Kane**, dessen Thema die indigenen Vöker waren. Bedeutendste Vertreter der 19.-Jh.-Landschaftsmalerei waren **Cornelius Krieghoff** und **Otto Jacobi**. Förderung erfuhren die Kunstschaffenden durch die 1860 gegründete Art Association of Montréal, aus der später das Musée des beaux-arts hervorging. 1907 wurde in Toronto der Canadian Art Club gegründet und es war vor allem **Maurice Cullen**, dessen Spiel mit Licht und Farben junge Maler inspirierte, nach neuen Ausdrucksformen zu suchen. Die endgültige Richtung gab **Tom Thomson** vor mit seinen Bildern der herben kanadischen Natur. 1920 gründeten junge Künstler die **Group of Seven**, die rasch ein Markenzeichen für genuin kanadische Kunst wurde. In Québec hingegen setzten die Modernistes unter **John Lyman** und **Marc-Aurèle Fortin** auf die innere Inspiration. Während des Zweiten Weltkriegs kreierten die Automatistes um **Jean-Paul Riopelle** einen kanadischen Surrealismus. Wenig später entstand in Toronto die Gruppe **Painters 11**, deren Künstler einen eigenen abstrakten Stil entwickelten.

Zahlreiche zeitgenössische Maler sind auch außerhalb Kanadas ein Begriff, wie die Abstrakten **Michael Snow** und **Ronald Bloore** aus Ontario sowie **Charles Gagnon** und **Yves Gaucher** aus Québec. Viele junge Kreative stellen in Toronto und Montréal aus, wie **Steve Driscoll**, **Bradley Harms** und **Natalka Husar**. Seit den 2010er-Jahren machen Subventionen für Kultur und niedrige Mieten Toronto und Montréal zu Hotspots einer blühenden Künstlerszene.

LITERATUR

In Kanadas Osten gibt es zwei literarische Zentren mit eigenen Traditionen: In Québec entwickelte sich nach kirchlicher Unterdrückung ab dem 20. Jh. eine eigenständige frankofone Literatur, in Ontario gab im 19. Jh. zunächst die Wildnis die Themen vor. Und von PEI aus eroberten **Lucy Maud Montgomerys** Geschichten des Waisenkinds »Anne of Green Gables« (1908) als Jugendbuch die Welt. Ab Mitte des 20. Jhs. verstärkte sich in Québec die antiklerikale Haltung und führte zur »Stillen Revolution«, die die französische Sprache und frankokanadische Kultur wiederbelebte. Wichtige Autoren dieser Ära sind **Yves Thériault** und **Jacques Brault.** Der anglophone Autor **Hugh McLennan** schrieb 1945 mit »Two Solitudes« den oft zitierten Klassiker über die schwierige Ehe zwischen Anglo- und Frankokanadiern. Ein internationaler Bestseller jüngerer Tage wurde »Alias Grace« (1996) von **Margaret Atwood** aus Ontario, »Schiffbruch mit Tiger« (2002) brachte dem Montréaler Autor **Yann Martel** Renommee ein. 2009 erfreuten **Anne Michaels** aus Toronto mit ihrem Öko-Roman »Wintergewölbe« und **Nicolas Dickner** aus Rivière-du-Loup mit seinem Debütroman »Nikolski« auch europäische Leser. 2013 ging der Literaturnobelpreis erstmals nach Kanada: **Alice Munro** aus Ontario erhielt für ihre z. T. autobiografischen Erzählungen diese höchste Auszeichnung.

MUSIK

Kanadas Popszene ist international fest etabliert, am erfolgreichsten mit **Céline Dion** aus Montréal, bei der Jugend eher mit **Justin Bieber** aus Stratford (Ont.). Berühmt sind auch **Alanis Morissette, Avril Lavigne** und **Shania Twain** aus Ontario sowie **Sarah Mc Lachlan** aus Nova Scotia. Als Rock-Urgesteine gelten **Neil Young** aus Toronto und **Bryan Adams** aus Kingston (Ont.). Und auch die Hiphop- und Independent-Szene sorgt für Furore, u. a. mit **Drake** und **Shad** bzw. **Feist, Arcade Fire** und **Walk off the Earth.**

Herausragender Vertreter der klassischen Musik war der Pianist und Komponist **Glenn Gould** aus Toronto, Weltstars der Jazz-Szene waren der Trompeter **Maynard Ferguson** und der Pianist **Oscar Peterson.** Und die *révolution tranquille* brachte in Québec eine ganze Generation von Chansonniers und Liedermachern auf den Weg, Institutionen sind bis heute **Gilles Vigneault** und **Robert Charlebois.**

FESTE & VERANSTALTUNGEN

Folkloreveranstaltungen, Jazz- und Rockfestivals, Drachenbootrennen und Highland Games: Der Veranstaltungskalender im Osten reflektiert ein typisches Einwandererland.

FESTKALENDER

Februar: Carnaval d'hiver in Québec-Stadt, mit Umzügen und lustigen Wettkämpfen (Anfang bis Mitte Febr.).

März–April: Ahornsirupfeste in Québec und Ontario.

Ab April–Nov.: Shakespeare Festival › S. 89 in Stratford, Ont. (April–Nov.) und **Shaw Festival** › S. 74 in Niagara-on-the-Lake (April–Okt.), mit anspruchsvollen Theaterproduktionen.

Mitte Juni–Ende August: L'International des Feux Loto-Québec, ein spektakulärer Wettbewerb der weltbesten Feuerwerker in Montréal.

Easter Parade in Toronto

Juni–September: Charlottetown Festival mit Theater und Musicals im Confederation Centre of the Arts (www.charlottetown festival.com).

Juni/Juli: Caribbean Carnival Toronto, eine große Straßenparty aller ethnischen Gruppen (Mitte–Ende Juni, www.toronto caribbeancarnival.com). **Festival international de Jazz de Montréal** in der gesamten Innenstadt (Ende Juni bis Anf. Juli, www.montrealjazzfest.com). **TD Toronto Jazz Festival** in Toronto (Ende Juni–Anf. Juli, www.torontojazz.com). **Loyalist City Ribfest** in Saint John, feuchtfröhliches Stelldichein der Craftbeer-Brauer und BBQ-Fans der Region (Mitte Juni).

Juli: TD Halifax Jazz Festival, das größte Festival seiner Art in Atlantik-Kanada (Anf./Mitte Juli, www.halifaxjazzfestival.ca). **Festival Juste Pour Rire,** internationales Comedy-Festival in Montréal (Mitte–Ende Juli, www.hahaha.com).

Juli/August: Signal Hill Tattoo mit Paraden in St. John's (Ende Juli/Anf. Aug., www.signalhilltattoo.org). **Wikwemikong Pow Wow** > S. 91, Tanz- und Trommelwettbewerbe von First Nations aus Nordamerika auf Manitoulin Island (Anfang Aug.). **World Film Festival** in Montréal (Ende Aug. bis Anf. Sept, www.ffm-montreal.org).

September: Toronto International Film Festival (2. Sept.-Woche, (www.tiff.net). Bei der **Nuit Blanche** (Ende Sept., www.nbto.com) verwandeln Kreative aus aller Welt öffentliche Plätze Torontos in eine einzige Bühne. **Montréal Island Marathon** (Ende Sept.). **Niagara Grape and Wine Festival** in St. Catharines (Ende Sept., www.niagarawinefestival.com).

Oktober: Oktoberfest in Kitchener/Waterloo, ein »bayerisches« Spektakel (2. Okt.-Woche, www.oktoberfest.ca).

ESSEN & TRINKEN

»Typisch Kanadisch« essen gehen ist nicht leicht im Vielvölkerstaat. Erst seit einigen Jahren kombinieren kreative Chefs Rezepte aus aller Welt mit heimischen Produkten und bereiten Gerichte zu, die sich als »regional cuisine« zunehmender Beliebtheit erfreuen.

Es gibt kein eigentliches Nationalgericht – wenn man einmal von der längst nicht mehr nur in Québec beliebten *poutine,* in Bratensoße und geschmolzenem Käse aufgeweichten Pommes frites, und der am Atlantik allgegenwärtigen Muschel-Kartoffelsuppe *clam chowder* absieht.

Jede Region hat ihre Spezialitäten: In Süd-Ontario haben deutsche Einwanderer Wurst und Schinken auf die Speisekarte gesetzt. Weiter nördlich kommen Zander, Lachs und Wild hinzu. Im frankofonen Québec verwöhnt eine französisch geprägte kulinarische Tradition den Gaumen. Und die Maritimes stehen für Fisch und Meeresfrüchte, vor allem Hummer und Schalentiere sowie Heilbutt, Schwertfisch und Kabeljau.

WEIN & BIER

Die Niagara-Region ist eine feste Größe auf Nordamerikas Weinkarte. Wer Bier bevorzugt, kommt auch auf seine Kosten: Zahlreiche *micro breweries* bzw. *micro brasseries* brauen hervorragende Gerstensäfte. Empfehlenswerte Biere sind in Ontario »Upper Canada«, in Atlantik-Kanada »Moosehead« und in Québec »Maudite«, ein dunkles Starkbier. > mehr S. 14 Punkt 17

Spirituosen bekommt man in Kanada nur in staatlichen *liquor stores* (Ontario LCBO, Maritimes NBLC, NSLC bzw. PEILCC, Newfoundland NLC), in Québec in Läden der *société des alcools* (SAQ). Dort wird die Ware in braune Papiertüten verpackt, da öffentlicher Alkoholgenuss verboten ist. > mehr S. 19 Punkt 47 Für den schnellen Durst gibt es kleine *convenience stores* bzw. *dépanneurs,* die Sprudel, Billigbiere und -weine verkaufen. »Bring Your Own Bottle« bzw. »Apportez Votre Vin« bedeutet, dass ein Restaurant keine Alkohollizenz hat, der Gast bringt sich den Wein selbst mit.

REGIONALTYPISCHE DINER

- Nicht nur Torontos junge Künstlerszene in West Queen West steht Schlange bis auf die Straße für die legendären Fish 'n' Chips von **Hooky's**. > S. 66
- **Beautys** reicht seit 1942 Montréal das Frühstück an einer belebten Theke und in blauen Sitzboxen. Spezialität: Bagel mit Räucherlachs, Zwiebeln und Cream Cheese. > S. 107
- Die Wände zieren Poster frankokanadischer Eishockeygötter der 1950er-Jahre, gesprochen wird ein Mix aus Französisch und Englisch, geboten werden typische Québecer Gerichte, wie etwa *tourtière:* Kantinen wie die **Binerie Mont-Royal** gab's früher überall in Montréal. > S. 107
- Stricke, Fangnetze, Nebelhörner und alte Fotos: Im **Maison du Pêcheur** in Percé geht es so ungeschminkt zu wie draußen auf See. Serviert wird der Fang des Tages, zubereitet mit Zitrone, Ahornsirup und Ingwer, oder auch auf der Holzofenpizza. > S. 120
- Fernglas nicht vergessen! Draußen treiben Eisberge (bis Juni) vorbei, blasen Wale (Juni–Okt.) Fontänen in die Luft. Drinnen werden Kabeljau, Lachs, Heilbutt und Shrimps serviert. Das **Lightkeeper's Seafood Restaurant** auf hoher Klippe über dem Hafen von St. Anthony ist Neufundland in seiner Quintessenz. > S. 145

SUMMER SAUSAGES & MORATORIUM ART

Das lichtdurchflutete Shoppingparadies Eaton Centre ist Torontos größte Mall

Was bringt man nur aus Kanada mit – eine Biberfellmütze oder ein Kanu als Schlüsselanhänger? Na ja ... Kanada hat mehr zu bieten als die Souvenirläden-Klassiker. Und zwar nicht nur in den Metropolen. Gerade in kleineren Orten wimmelt es oft von Galerien sowie Mom-&-Pop-Läden voller Antikem, Krimskrams und Kunsthandwerk. Für coole City-Klamotten oder legere Freizeitmode von kanadischen Designern bleiben aber Toronto und Montréal die Shoppingparadiese.

FÜRS AUGE

Quilts heißen die knallbunten, kunstvoll bestickten Tages- und Patchworkdecken der Mennoniten rund um St. Jacobs – jede ist ein Unikat. > mehr S. 17 Punkt 39 Spezialitäten aus der Mennoniten-Küche wie Bienenstich und hausgemachte **Summer Sausages** (Dauerwürste) findet man auf dem Farmers' Market in St. Jacobs > S. 88. Und im Charlevoix am St.-Lorenz-Strom stellt ein kleiner Familienbetriebe **Büttenpapier** noch so her wie vor 300 Jahren: handgeschöpft und mit Wildblüten versetzt.

Der Geologe und ehemalige Fischer Ben Ploughman in Newfoundland ist heute ein ausgezeichneter Künstler: Aus Latten von Hummerreusen fertigt er auf Holzplatten Leuchttürme und andere maritime Szenen. Seine **Moratorium Folk Art** findet inzwischen landesweit Abnehmer. > mehr S. 17 Punkt 38

- **Ontario Mennonite Relief Sale and Quilt Auction** B5
  Ende Mai werden hier die schönsten Quilts des Jahres versteigert.
  New Hamburg (Ont.)
  www.nhmrs.com
- **Papeterie Saint-Gilles** F3
  Hier gibt man sein individuelles Briefpapier in Auftrag und schaut gleich bei der Herstellung zu.
  304 rue Félix-Antoine Savard
  St-Joseph-de-la-Rive (Qué.)
  Tel. 418-635-2430
  www.papeteriesaintgilles.com
- **Ben's Studio** b2
  Die Kreativwerkstätte von Ben Ploughman, dem Vater der einzigartigen Moratorium Folk Art.
  Port au Choix (NF) | Tel. 709-861-3280
  www.bensstudio.ca

TORONTO FASHION

Torontos ebenso berühmter wie riesiger Konsumtempel mit einer Auswahl etablierter Modelabels ist das **Eaton Centre** > S.59. International etablierte kanadische Designer sind im edlen Shoppingviertel **Bloor-Yorkville** rund um die Bloor Street und die Hazelton Lanes vertreten. Die **Queen Street West** (westlich der University Ave.) ist bekannt für junge, unkonventionelle Designer.

- **Frank and Oak Women**
  Elegant, stylish, praktisch: Kanadisches Fashion Design in coolem Interieur.
  634 Queen St. W. (Frauen)
  735 Queen St. W. (Männer)
  www.frankandoak.com
- **Ease**
  Tragbare, zeitlose Eleganz für Frauen.
  1446 Dundas W.
  www.everythingisease.com
- **Gravitypope**
  Feine Schuhe und Mode für Sie und Ihn auf drei eleganten Etagen.
  1010 Queen St. W. | www.gravitypope.com

MODE DE MONTRÉAL

Montréals Designerszene gilt als besonders innovativ. Tristan & Iseut, America und Marie St.-Pierre residieren im Kaufhaus **Ogilvy** (1307 rue Ste-Cathérine Ouest). Jungdesigner arbeiten v. a. an der **Ave. Mt-Royal** oder der **Rue de la Montagne.**

- **Tozzi**
  Hochwertige, mehrere Dutzend einheimische und internationale Trendmarken führende Edelboutique.
  2115 Crescent St.
  www.boutiquetozzi.com
- **Onze**
  Feminin, klassisch inspiriert, stilsicher.
  4146 rue St-Denis | www.onzeshop.com
- **Citizen Vintage**
  Kreativ recycelte Freizeitkleidung für Sie und Ihn; im Trendviertel Mile End.
  5330 Boul. St-Laurent
  www.citizenvintage.com

WEIN UND SIRUP

Einguter Tropfen als Mitbringsel? **Kanadischer Wein** ist im Kommen, sei es ein Eiswein von der Niagara-Halbinsel > S. 74, ein leichter Weißer aus Québec oder ein Roter aus Nova Scotia, z. B. von **Jost Vineyards** J4, wo man ihn auch probieren kann (48 Vintage Lane, Malagash, Tel. 902-257-2636, www.jostwine.ca).

Ein populäres süßes Souvenir ist **Ahornsirup.** Besser und preiswerter als in den Andenkenläden ist der *maple sirup* bzw. *sirop d'érable* in den Supermärkten.

Der Leuchtturm von Peggy's Cove ist eines der prominentesten Fotomotive der Ostküste

TOUREN & SEHENSWERTES

TORONTO

Das historische Gooderham Building, vulgo »Flatiron«

Toronto the Great, Design City oder kurz T. O.: Kanadas größte Stadt und finanzpolitisches Powerhouse mit zukunftsweisender Skyline erlebt seit einigen Jahren eine beispiellose Blüte bei Architektur, Kunst und Kultur.

Die 6,4-Millionen-Metropole, einst dröge Hochburg der White Anglo Saxon Protestants, bringt heute protestantische Ethik und Kulturen aus allen Kontinenten unter einen Hut. Torontos Aufstieg begann 1793 unter Gouverneur John Graves Simcoe, der die Garnison York gründete, die rasch von Loyalisten aus den USA bevölkert wurde. Kurz darauf wurde Fort York zur Hauptstadt Upper Canadas, aus York wurde Toronto, Börsensitz und Drehscheibe im Holz- und Getreidehandel.

Nach dem Zweiten Weltkrieg öffnete sich Kanada Einwanderern aus aller Welt. Aus dem puritanischen Toronto wurde eine bunte, vitale Stadt, die sich heute insbesondere in den Neighbourhoods von ihrer multikulturellen Seite zeigt. Zudem besitzt T.O. nicht nur die beste Jazzszene des Ostens, sondern ist auch eine der bedeutendsten Theaterstädte Nordamerikas. Seit Beginn des 3. Jahrtausends wurde weit über 1 Mrd. can$ allein in den Neu- und Ausbau der sechs größten Kulturstätten der Stadt investiert. Gewagte Formen wie das auf Stelzen stehende Sharp Center for Design von Will Alsop und Daniel Libeskinds kristallförmige Erweiterung des Royal Ontario Museum hatten Signalwirkung. Seitdem erlebt Toronto einen beispiellosen kreativen Bauboom, der der Stadt bereits den Spitznamen »Design City« eintrug.

UNTERWEGS IN TORONTO

TOUR 1

SIGHTSEEING IN DOWNTOWN T. O. ★ C5

ROUTE: CN Tower > Harbourfront > Financial District > Queen Street West (> Downtown-Museen)

KARTE: Seite 61

LÄNGE: 1 Tag, mit (unbedingt empfehlenswerten) Museenbesuchen 2 Tage/max. 7 km zu Fuß

PRAKTISCHE HINWEISE:

- Die von Front und Bloor Sts., Jarvis und Spadina Aves. begrenzte Downtown erkundet man gut zu Fuß, weitere Strecken per Subway, Straßenbahn und Bus.

TOUR-START:
CN TOWER UND HARBOURFRONT

Wer eine tolle Aussicht über die Metropole genießen will, sollte sich im Fahrstuhl den 447 m hohen Sky Pod des **CN Tower** 1 hinaufschießen lassen. Hier geben nach außen gewölbte Fenster den Tiefblick frei. Schwindelfreie können auch draußen angeseilt den Funkturm umrunden: auf dem **Edgewalk,** einem schmalen Gitterrost auf dem Dach des Drehrestaurants in 356 m Höhe (301 Front St. West, www.cntower.ca; Ticket Sky Pod 53 $, Edgewalk 225 $). › mehr S. 12 Punkt 1

Der 553 m hohe Turm prägt Torontos Skyline ebenso wie die weiße Kuppel zu seinen Füßen: Im **Rogers Centre** 2, einer multifunktionalen 50 000-Plätze-Arena mit einfahrbarem Dach, treffen die Toronto Blue Jays (Baseball) auf Gegner aus ganz Nordamerika (1 Blue Jays Way, www.mlb.com/bluejays/ballpark; Führungen 15 $).

Ebenfalls am CN Tower taucht man im riesigen **Ripley's Aquarium of Canada** ein in kanadische und exotische Wasserwelten (288 Bremner Blvd., www.ripleyaquariums.com/canada; tgl. 9–23 Uhr, 31 $).

Vom Sky Pod aus sieht man auch die vorgelagerten **Toronto Islands.** › mehr S. 15 Punkt 23 Das grüne Naherholungsgebiet ist von den **Toronto Ferry Docks** 3 aus am Queens Quay West per Fähre erreichbar (Ende Yonge Street; www.torontoisland.com/ferry.php).

Am Queens Quay West liegt auch die **Harbourfront.** Das Herz dieser Luxusapartmentzeile ist das **Harbourfront Centre** 4, ein populäres Freizeit- und Kulturzentrum an der Waterfront (235 Queen's Quay W., www.harbourfrontcentre.com). Das Einkaufszentrum **Queen's Quay Terminal** 5 bietet hier mit Restaurants, Geschäften und Galerien angenehmes Shopping (207 Queen's Quay West).

An der Harbourfront, dahinter der 553 Meter hohe CN Tower

FINANCIAL DISTRICT

Folgt man vom CN Tower der Front Street nach Osten, stößt man bald links, gegenüber der neoklassizistischen Fassade der **Union Station** 6, auf das **Fairmont Royal York** 7, das traditionsreiche Luxushotel (1929) der Canadian Pacific Railways, mit seiner prächtigen Lobby › Bild S. 36.

Zeitlos muten die lichtdurchströmten, von Santiago Calatrava entworfenen Galerien des **Brookfield Place** 8 zwei Blocks weiter an. Hier huldigt die **Hockey Hall of Fame** den Eishockeylegenden der kanadischen NHL (30 Yonge St., www.hhof.com; Mo–Sa 9.30–18, So 10–18 Uhr, 20 $).

Knapp 5 Gehminuten die Front Street weiter nach Osten, vorbei am backsteinroten **Gooderham Building** 9 (1892) – wegen seiner Form *Flatiron Building* genannt –, erreicht man den **St. Lawrence Market** 10. Torontos früheres Rathaus wurde zu einer hangarähnlichen Halle erweitert – heute der Farmer's Market der Stadt mit riesiger Produktvielfalt (92 Front St., www.stlawrencemarket.com; Di–Do 8 bis 18, Fr 8–19, Sa 5–17 Uhr).

Auf der Wellington Street geht es zurück zur Bay Street und die Straßenschlucht von »Kanadas Wall Street« nach Norden. Unter den imposanten Hochhäusern stechen die mit Gold überzogen Türme der **Royal Bank Plaza** hervor (200 Bay St.) hervor. Unweit davon erheben sich die schwarzen Türme des 1991 vollendeten **Toronto Dominion Centre** 11, entworfen von Ludwig Mies van der Rohe. Im »TD Centre« präsentiert eine Galerie Inuit-Kunst (79 Wellington St.; Mo–Fr 8–18, Sa 10–16 Uhr, Eintritt frei).

QUEEN STREET WEST

Die Bay Street und dann die parallel verlaufende Yonge Street nach Norden, liegt links die lichtdurchflutete riesige Mall des **Eaton Centre** 12, das für konsumentenfreundliches Shopping steht (220 Yonge St., www.torontoeatoncentre.com; Mo–Fr 10–21.30, Sa 9.30–21.30, So 12–18 Uhr). Am Nordrand bildet es zusammen mit dem zum »kanadischen Times Square« ausgebauten **Dundas Square** 13 ein quirliges Gravitationszentrum, mit Gratis-Konzerten, -Filmen und Events zu jeder Tageszeit (www.ydsquare.ca). Ein Tipp: **T.O.Tix** am Dundas Square (gegenüber Eaton Centre) verkauft Tickets zu Sonderpreisen für am selben Tag stattfindende Events (Di–Sa 12–18.30 Uhr, http://totix.ticketpro.ca).

Die **City Hall** 14 am Nathan Philipps Square mit ihren beiden geschwungenen Türmen aus den 1960ern ist Geschmackssache. Die neo-romanische **Old City Hall** 15 daneben erinnert an das Stadtbild der 1950er-Jahre.

Etwas weiter westlich repräsentiert das aus Glas und anthrazitfarbenen Wänden bestehende **Four Seasons Centre for the Performing Arts** 16, Sitz der Canadian Opera Company und des Canadian National Ballet, die neue architektonische Formensprache der Stadt, mit zeitlos schönem Interieur und exzellenter Akustik (145 Queen St. W., www.coc.ca; Führungen i. d. R. So 10.30 Uhr, 20 $).

Westlich der University Avenue erlebt die Queen Street eine erstaunliche Metamorphose: Statt Bürokleidung bestimmen im **Queen Street Village** 17 legere Freizeitoutfits das Bild, der Blick fällt durch geöffnete Fenster in schummrige Kneipen und winzige Boutiquen in Häusern mit charmanter Patina.

ZU DEN TOP-MUSEEN IN DOWNTOWN

Auf der von der Queen Street West nach Norden abzweigenden Beverly Street kommt man am Ostrand von Chinatown › S. 62 zur **Art Gallery of Ontario** 18 ★. Seit Stararchitekt Frank Gehry ihre Außenfassade mit einem Holz- und Stahl-Kokon und Aussichtsturm verzierte und auch ihr Innenleben völlig umkrempelte, ist die besonders für ihre kanadischen Kreativen berühmte AGO ein Pilgerziel von Kunstliebhabern aus aller Welt (317 Dundas St. West, www.ago.ca; tgl. außer Mo 10.30 bis 17, Mi u. Fr bis 21 Uhr, 19,50 $).

Die Dundas Street weiter und dann die boulevardartige University Avenue nach Norden, warten am Südrand von Yorkville › S. 62 drei Museen ersten Ranges:

Eine umfassende Sammlung zur Kultur- und Naturgeschichte von allen fünf Kontinenten präsentiert das **Royal Ontario Museum** 19 ★: Totempfähle, Dinosaurier, chinesische Kunst u. v. a. m. sowie der dem ehrwürdigen Bau von Daniel Libeskind übergestülpten Michael Lee-Chin Crystal machen das ROM zu einer Top-Attraktion (100 Queen's Park, www.rom.on.ca; tgl. 10 bis 17.30 Uhr, ab 20 $).

Dem ROM gegenüber zeigt das um lichtdurchflutete Quader erweiterte **Gardiner Museum** 20 herausragende Keramik- und Porzellansammlungen, darunter im 17. Jh. in Arita (Japan) angefertigte Stücke (11 Queen's Park, www.gardinermuseum.on.ca; Mo–Do 10–18, Fr 10–21, Sa/So 10–17 Uhr, 15 $).

TOUR IN TORONTO

TOUR 1 SIGHTSEEING IN DOWNTOWN T.O.

1 CN Tower
2 Rogers Centre
3 Toronto Ferry Docks
4 Harbourfront Centre
5 Queen's Quay Terminal
6 Union Station
7 Fairmont Royal York
8 Brookfield Place
9 Gooderham Building
10 St. Lawrence Market
11 TD Centre
12 Eaton Centre
13 Dundas Square
14 City Hall
15 Old City Hall
16 Four Seasons Centre for the Performing Arts
17 Queen Street Village
18 Art Gallery of Ontario
19 Royal Ontario Museum
20 Gardiner Museum
21 Bata Shoe Museum

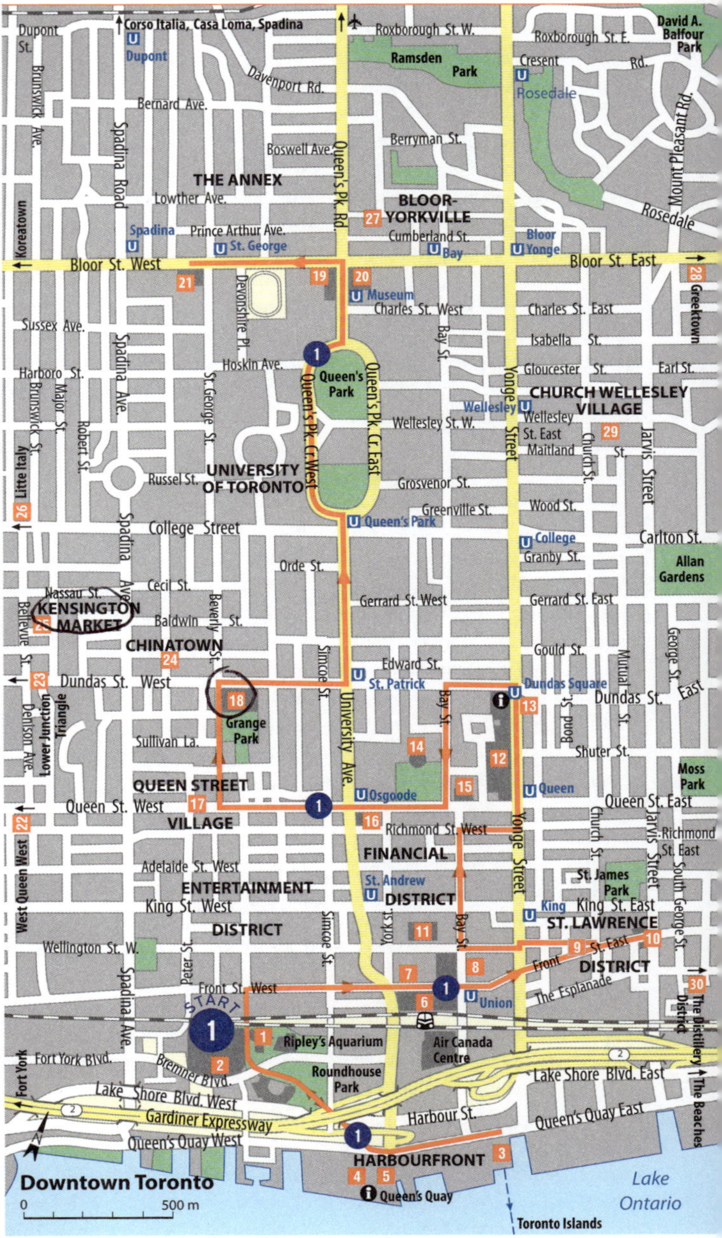
Corso Italia, Casa Loma, Spadina
Dupont St.
Dupont
Davenport Rd.
Roxborough St. W.
Ramsden Park
Roxborough St. E.
David A. Balfour Park
Cresent Rd.
Rosedale
Bernard Ave.
Brunswick Ave.
Spadina Road
Boswell Ave.
Queen's Pk. Rd.
Berryman St.
THE ANNEX
Lowther Ave.
BLOOR-YORKVILLE
27
Mount Pleasant Rd.
Rosedale
Koreatown
Spadina
Prince Arthur Ave.
St. George
Cumberland St.
Bay
Bloor Yonge
Bloor St. West
Bloor St. East
21
19
20
28
Greektown
Devonshire Pl.
Museum
Charles St. West
Charles St. East
Sussex Ave.
Spadina Ave.
Bay St.
Isabella St.
1
Queen's Park
Hoskin Ave.
Gloucester St.
Earl St.
Harboro St.
Major St.
Brunswick St.
Robert St.
St. George St.
Queen's Pk. Cr. West
Queen's Pk. Cr. East
CHURCH WELLESLEY VILLAGE
Wellesley
Wellesley St. W.
Wellesley St. East
Maitland St.
29
Church St.
Jarvis Street
Yonge Street
Litte Italy
Russel St.
UNIVERSITY OF TORONTO
Grosvenor St.
Greenville St.
Wood St.
26
Queen's Park
College Street
College
Carlton St.
Granby St.
Allan Gardens
Orde St.
Cecil St.
Gerrard St. West
Gerrard St. East
Nassau St.
KENSINGTON MARKET
25
Baldwin St.
Beverly St.
Bellevue St.
CHINATOWN
24
Gould St.
Edward St.
Simcoe St.
23
Dundas St. West
St. Patrick
Dundas Square
Dundas St. East
George St.
18
Grange Park
13
Bond St.
Mutual St.
Denison Ave.
Lower Junction Triangle
University Ave.
Sullivan La.
14
12
Shuter St.
QUEEN STREET VILLAGE
15
Osgoode
Queen
Moss Park
Queen St. West
17
1
Queen St. East
22
16
Richmond St. West
Richmond St. East
FINANCIAL DISTRICT
Adelaide St. West
ENTERTAINMENT DISTRICT
St. Andrew
St. James Park
South George St.
West Queen West
King St. West
King
King St. East
Wellington St. W.
York St.
11
ST. LAWRENCE DISTRICT
Peter St.
9
Front St. East
10
7
8
Front St. West
1
30
START
6
Union
The Esplanade
The Distillery District
1
Ripley's Aquarium
Air Canada Centre
2
Fort York
Fort York Blvd.
Bremner Blvd.
Roundhouse Park
Lake Shore Blvd. East
The Beaches
Lake Shore Blvd. West
Gardiner Expressway
Harbour St.
Queen's Quay East
Queen's Quay West
1
HARBOURFRONT
3
4
5
Queen's Quay
Lake Ontario
Toronto Islands
N
Downtown Toronto
0
500 m

500 m weiter präsentiert das **Bata Shoe Museum** 21 eine einzigartige Sammlung zu 4000 Jahre Schuhgeschichte (327 Bloor St. West, www.batashoemuseum.ca; Mo–Sa 10–17, Do bis 20, So 12–17 Uhr, 14 $). Die nächste Subway-Station ist dann St. George.

TORONTOS NEIGHBOURHOODS

Ein Erlebnis ist die Vielfalt an Kulturen in Torontos Neighbourhoods. Little Italy und Greektown liegen an den Subway-Stationen College und Queen's Park bzw. Chester, Pape und Donlands. Fürs Lower Junction Triangle steigt man bei Dundas West aus, für Yorkville an der Station Bays. Die übrigen Viertel sind leicht zu Fuß erreichbar.

WEST QUEEN WEST 22

Westlich des Queen Street Village › S. 60 bzw. der Spadina Avenue sprudelt junger Unternehmergeist in einem der schrägsten Viertel Torontos: Geldverleiher, Kneipen, Kosmetik-Salons, Tattoo Shops und Dutzende kleiner Galerien (www.westqueenwest.ca).

LOWER JUNCTION TRIANGLE 23

»LJCT« hat sich in jüngster Zeit vom alten Industrie- zum In-Viertel gewandelt, mit einer vitalen Künstler- und Kneipenszene rund um die Sterling Ave. (www.lowerjct.com). Das dortige Auto Building (Nr. 158) von 1919 ist der neue Sitz des **Museum of Contemporary Art,** mit Ausstellungen zeitgenössischer Kunst (www.museumofcontemporaryart.ca; tgl. außer Di 10–17 Uhr, 10 $).

CHINATOWN 24

An der Spadina Avenue nördlich der Queen Street West beginnt die älteste der inzwischen über das gesamte Stadtgebiet verteilten Chinatowns. Über 350 000 chinesischstämmige Kanadier leben in Toronto, viele noch immer rund um die geschäftige Dundas Street, wo sie Supermärkte, Metzgereien, Kinos, Restaurants etc. betreiben (www.toronto-chinatown.info).

KENSINGTON MARKET 25

Ebenso anregend ist das portugiesisch-karibisch geprägte und dank seiner kämpferischen Einwohner nun unter Denkmalschutz stehende Marktviertel rund um Nassau St. und Augusta Ave. In den Läden und an Ständen erhält man hier einfach alles (www.kensington-market.ca).

LITTLE ITALY 26

Was wäre Kanada ohne seine italienischen Einwanderer? Allein in Toronto leben über 400 000, viele davon in Little Italy rund um die College Street (zwischen Bathurst St. und Ossington Ave.; www.tolittleitaly.com). Eisdielen, Mailänder Mode und gute Restaurants zaubern hier mediterrane Atmosphäre.

YORKVILLE 27

Yorkville steht für Fashion: Zwischen Bloor St., Avenue Rd. und Yonge St. konzentrieren sich Designer-Boutiquen – inklusive der 2016

Kensington Market – multiethnisch und unter Denkmalschutz

nach Großrenovierung wiedereröffneten Edel-Mall **Yorkville Village** (ehem. Hazelton Lanes; 55 Ave. Rd., www.yorkvillevillage.com).

GREEKTOWN 28

Die Bloor Street nach Osten findet man mediterran-urbanes Feeling mit Kafenions, gemütlichen Restaurants und schicken Boutiquen an der **Danforth Avenue:** »The Danforth« bzw. Greektown ist Heimat von über 100 000 griechischstämmigen Kanadiern, entsprechend hellenisch ist hier die Atmosphäre www.greektowntoronto.com).

CHURCH WELLESLEY VILLAGE 29

Torontos liberalen Zeitgeist spiegelt das liebevoll auch »Gaybourhood« genannte Church Wellesley Village wider: Torontos Schwulenviertel erstreckt sich beiderseits der Church Street zwischen Charles und Gerrard Streets (www.churchwellesleyvillage.ca). An der Church Street warten einige der trendigsten Restaurants und Nachtklubs der Stadt, an ihr beginnt und endet jährlich die Gay Pride Parade.

THE DISTILLERY HISTORIC DISTRICT 30

Der am Südostrand der Downtown gelegene Distillery District, wo einst Nordamerikas größte Schnapsbrennerei produzierte, wurde 2003 als autofreies und vorrangig der Kunst und Kultur gewidmetes Quartier neueröffnet. Läden für extravagante Wohnaccessoires oder cooles Urban Wear, Restaurants und Jazzkneipen sind hier nur einige Gründe, die Kreditkarte zu zücken (55 Mill St., www.thedistillerydistrict.com).

INFO

Toronto Convention & Visitors Association (MTCVA)

- 207 Queen's Quay W. | Ont. M5J 1A7
  Tel. 416-203-2600 | 1-800-499-2514
  www.seetorontonow.de

Das Online-Magazin **Toronto.com** bietet einen täglich aktualisierten Veranstaltungskalender (www.toronto.com). com). Der Toronto-Blog **blogTO** listet wöchentlich die besten Restaurants, Boutiquen und weitere Lifestylefaktoren (www.blogto.com).

VERKEHR

- **Flughafen:** Lester B. Pearson International Airport, 27 km nordwestlich. Flugauskunft: Tel. 416-247-7678, www.torontopearson.com. Alle 20 Min. Shuttlebusse nach Downtown.
- **Bahnhof:** Union Station (VIA Rail), 65 Front St. W., Tel. 1-888-842-7245, www.viarail.ca.
- **Busbahnhof:** Toronto Coach Terminal, 610 Bay St., Tel. 416-393-7911.
- **Stadtverkehr:** Torontos Downtown und die angrenzenden Neighbourhoods können leicht zu Fuß erkundet werden. Ggf. hilft die U-förmig verlegte Subway der **Toronto Transit Commission** (TTC, www.ttc.ca; Einzelfahrt 3 $, ermäßigt 2,10 $, Kinder unter 12 frei, Tagesfahrkarte Day Pass 12,50 $). Die TTC ist auch Betreiber von Torontos Bus- und Straßenbahnnetz.

HOTELS

Le Germain €€€

Mit Bibliothek und Schmökerecken eingerichtete Lobby und hohe Zimmer im zeitlos-funktionalen Designer-Dekor: Hier fühlt man sich auf Anhieb wohl.

- 30 Mercer St. | Tel. 1-888-940-7575
  www.legermainhotels.com/en/toronto

Pantages Suites Hotel & Spa €€€

Nähe Dundas Square: Elegante, in warmen Tönen gehaltene Designer-Suiten mit Kitchenette. Den Gästen wird zudem ein geräumiges Fitnessstudio, eine Martini-Bar und das fernöstlich angehauchte Shizen Spa zur Erholung geboten.

- 200 Victoria St. | Tel. 416-362-1777
  www.pantageshotel.com

Drake Hotel €€–€€€

Cooles Boutiquehotel in West Queen West, in dem alle öffentlichen Räume als Kunstgalerien genutzt werden. Im Keller: das »Drake Underground«, eine schummrige Musikkneipe.

- 1150 Queen St. W. | Tel. 416-531-5042
  www.thedrakehotel.com

Gladstone Hotel €€–€€€

Stilecht schlafen im Künstlerviertel West Queen West: Jedes Zimmer hat ein anderer Designer gestaltet.

- 1214 Queen St. W. | Tel. 416-531-4635
  www.gladstonehotel.com

Chelsea Hotel €€

Größtes Hotel der Stadt in zentraler Lage. Preiswerte, angenehm-funktionale Zimmer.

- 33 Gerrard St. W. | Tel. 416-595-1975
  www.chelseatoronto.com

Victoria €€

Nüchterne, etwas altmodische Zimmer. Aber: Zentraler und preiswerter geht es kaum in Downtown.

- 56 Yonge St. | Tel. 416-363-1666
  www.hotelvictoria-toronto.com

Downtown Toronto Association of B & B

Vermittelt B & B-Unterkünfte v. a. in viktorianischen Häusern.

- Tel. 647-654-2959 | www.bnbinfo.com

Nomen est omen – Rodney's Oyster House ist populär wegen seiner Austern

RESTAURANTS

La Banane €€€
Zeitgemäße französische Küche neu interpretiert: Überbackener Barsch, Hummer-Ravioli & Co. Hier dinieren Food-Fans! Tgl. 18–23 Uhr.
• 227 Ossington Ave. | Tel. 416 551 6263

AGO Bistro €€
Während er die Art Gallery of Ontario liftete, entwarf Frank Gehry auch das Restaurant der AGO. Kunst sind auch die internationalen Rezepte mit feinsten Zutaten aus Torontos Hinterland. Mo geschl.
• 317 Dundas St. W. | Tel. 416-979-6688

Rodney's Oyster House €€
Banker aus dem nahen Finance District und Models aus Yorkville schlürfen in diesem rustikalen Kellerrestaurant die besten Austern der Stadt. Mo–Sa ab 11.30 bis mind. 22 Uhr.
• 469 King St. W. | Tel. 416-363-8105

Sassafraz €€
Französisch inspirierte regionale Küche: Alle Zutaten sind saisonal, stammen aus der nächsten Umgebung und werden zu eleganten – und schmackhaften – Kreationen zusammengestellt. Mo–Do 11.30 bis 23, Fr u. Sa bis 1, So 11–23 Uhr.
• 100 Cumberland St. | Tel. 416-964-2222

Kinka Izakaya Original €–€€
Izakaya heißt soviel wie »Sake-Laden zum Sitzen« und bezeichnet einen japanischen Pub. Dieser hier zählt zu den populärsten Torontos. Immer voll, Kabeljau und Rind vom Grill.
• 398 Church St. | Tel. 416 977 0999

Toronto Brew Pub €–€€
Mit dieser geräumigen Bierhalle folgt der in einem alten Bierlager untergebrachte Pub seinem Credo, dass die Kombination solider Pubgerichte mit gutem Bier automatisch zu guter Stimmung führt.
Mo/Di 12–22, Mi/Do 12–23, Fr 12–2, Sa 11–2, So 11–22 Uhr.
- 21 Tank House Lane
  The Distillery Historic District
  Tel. 416-681-0338

Chop Chop €
Moderner Bistrobetrieb mit großen Fenster zur wuseligen Dundas Street. Traditionelles aus Taiwan – lecker! Di–Mi 11–22, Do–Sa 11–23, So 11–21 Uhr.
- 771 Dundas St. W. | Tel. 416 842 8277

Hooky's €
Die Schlangen bis auf den Gehsteig beweisen es: Dies ist die beste Fish-'n'-Chips-Bude in West Queen Wes; zu finden gegenüber dem Trinity Bellwood Park. März–Sept. tgl. 11.30–21 Uhr, Okt.–Febr. Di–Sa.
- 893 Queen St. W. | Tel. 416-866-7474

NIGHTLIFE

Gladstone Melody Bar
Alle Besitzerwechsel überlebt: Die schummrige Bar im Gladstone Hotel > **S. 64** in West Queen West lädt zum Wochenende vor allem hiesige Independent-Gruppen zum Rocken ein. Di–Sa ab 17 Uhr.
- 1150 Queen St. W. | Tel. 416-531-4635
  www.gladstonehotel.com/5-things-know-music-melody-bar

Rex
Torontos ältester Jazz-Joint. Jeden Tag Livemusik und Jam Sessions. Newcomer und etablierte Interpreten.
- 194 Queen St. W. | Queen Street Village
  Tel. 416-598-2475 | www.therex.ca

TORONTOS MUSIKSZENE – HORSESHOE TAVERN 1

Sieht man Torontos Financial District als Herzschrittmacher der Stadt, dürfen die Neighbourhoods als ihr Herz gelten. Hier gibt es die meisten Bars und Musikkneipen (Tipps > **»Nightlife« oben**), hier ist nach Büroschluss am meisten los. Die beliebtesten Szeneviertel sind Queen Street Village und West Queen West, Little Italy und Kensington Market, doch auch in anderen Neighbourhoods tobt nachts das Leben. Klar erkennbare Reviere urbaner »Stämme« wie Yuppies, Gothics, Künstler oder Studenten gibt es kaum. Tendenziell steuert das etablierte Publikum nachts Yorkville, Distillery Historic District und die Downtown an, während Jugendliche, Kreative und Junggebliebene Richtung Queen St. West, Roncesvalles, Ossington St., Church Wellesley Village und Kensington Market gravitieren.

Als »Mutter aller Musikkneipen« gilt die **Horseshoe Tavern:** Hier ertönt seit 1947 Livemusik vom feinsten, vor allem Newcomer und Indie-Bands. Mick und Keith kamen zum Jammen in die »Bar & Music Venue«, kanadische Rockstars wie Amanda Marshall und die Barenaked Ladies erlebten den Start ihrer Karrieren (370 Queen St. W., Queen Street Village, Tel. 416-598-4226, www.horseshoetavern.com).

Rivoli
Musikhalle mit Patina: Terrasse, Restaurant und Poolbillard. Fast tgl. Livemusik, meist von Torontoer Gruppen.
- 334 Queen St. W. | Queen Street Village
  Tel. 416-596-1908 | www.rivoli.ca

Rebel
Livemusik und Abtanzen bis weit nach Mitternacht, mit tollem Blick auf die illuminierte Skyline.
- 11 Polson St. | Tel. 416 469 5655
  www.rebeltoronto.com

Supermarket
Vorne Restaurant und Bar, hinten Bühne und Tanzfläche, v. a. experimentierfreudige Indie-Gruppen aus der Region.
- 268 Augusta Ave. | Kensington Market
  Tel. 416-840-0501 | www.supermarketto.ca

Lee's Palace
In ehemaligem Kino untergebrachte Konzerthalle für mehrere Hundert Besucher. Tolle Akustik, intime Atmospäre. Fast jede Nacht Livemusik, Schwerpunkt Alternative- und Indie-Rock.
- 529 Bloor St. W. | Tel. 416-532-1598
  www.leespalace.com

THEATER

Oper, Musical und Theater präsentieren über 40 Bühnen, v. a. im Entertainment District zwischen King und Adelaide Sts. Zu den renommiertesten Häusern zählen das **Royal Alexandra Theatre** (260 King St. W., Tel. 872-1212), das **Elgin and Winter Garden Theatre Centre** (189 Yonge St., Tel. 416-314-2901) und das **Ed Mirvish Theatre** (244 Victoria St., Tel. 416-872-1212). Das **St. Lawrence Centre for the Arts** (27 Front St. E., Tel. 366-7723) spielt v. a. kanadische Stücke. Das **Four Seasons Centre for the Performing Arts** > S. 59 (145 Queen St. W., Tel. 416-363-8231) ist Sitz der Canadian Opera Company und des National Ballet; die Symphoniker spielen in der **Roy Thomson Hall** (60 Simcoe St., Tel. 416-872-4255).

SHOPPING

Toronto bietet bestes Shopping für jeden Bedarf und Geldbeutel > **Seitenblick S. 52.** Bekannteste Konsumpaläste in Downtown sind das **Eaton Centre** > S. 59 und das Kaufhaus **The Bay** (www.thebaycentre.ca) gegenüber. Internationale Designer-Boutiquen konzentrieren sich in Yorkville. Wer's trendig bis schrill mag, wird in West Queen West fündig. Dort gibt es auch die meisten topaktuellen Galerien. Schicke Accessoires findet man im Distillery Historic District.

AUSFLUG NACH KLEINBURG C5

Das etwa 40 km nördlich von Toronto liegende Kleinburg lohnt einen Ausflug wegen der **McMichael Canadian Art Collection,** die mit rund 6000 Werken ausschließlich kanadischer Künstler einen hervorragenden Querschnitt des Kunstschaffens im Lande bietet. In dem blockhausartigen Museum konzentriert sich die Sammlung v. a. auf die Werke der Group of Seven. Die Maler dieser 1920 gegründeten Gruppe (u. a. Franklin Carmichael, Arthur Lismer, A. Y. Jackson) schufen eine eigenständige kanadische Malerei, deren naturalistischer Ansatz bei der Darstellung der Wildnis radikal mit europäischen Traditionen brach (10365 Islington Ave., www.mcmichael.com; tgl. 10–17 Uhr, 18 $).

ONTARIO

Zurück von der Paddeltour auf dem Lake of Two Rivers, Algonquin Provincial Park

Wälder und Wildnis, die Metropole Toronto, die Hauptstadt Ottawa und die einsame Blockhütte: Ontario wird dem Kanada-Image voll gerecht, man begegnet Elch und Fischadler ebenso wie Yuppies und Szeneklubs.

Hat man sich erst einmal durch den Verkehr des »Golden Horseshoe«, Torontos riesiges Ballungsgebiet, gekämpft, donnern schon nach anderthalb Stunden Fahrt Richtung Süden die Niagarafälle. Auch gen Norden und Osten lichtet sich der Verkehr nur langsam. Dann aber dominiert Farmland, schiebt sich immer mehr Wildnis zwischen die Orte. Vor kaum mehr als 200 Jahren begann hier das englischsprachige Kanada, woran besonders die rotziegligen Städtchen am Ufer des Lake Ontario erinnern. Dagegen kann man in St. Jacobs versuchen, das Pennsylvania-Deutsch der Altmennoniten zu verstehen und beim Pow Wow auf Manitoulin Island die farbenprächtigen Tanzwettbewerbe der First Nations bewundern. Wasserparadiese wie die Thousand Islands im St.-Lorenz-Strom, die Muskoka Lakes und die Kawartha Lakes warten auf Paddler und Hausbootkapitäne. Und in den Provinzparks Algonquin und Killarney kann man den Geräuschen der Wildnis lauschen und Schwarzbären, Elchen und Bibern begegnen.

TOUREN IN DER REGION

TOUR 2

ZENTRAL-ONTARIO: WILDNIS UND ETWAS KULTUR

ROUTE: Toronto > Niagara-on-the-Lake > Niagara Falls > St. Jacobs > Stratford > Bruce Peninsula > Manitoulin Island > Killarney P. P. > Thirty Thousand Islands > Penetanguishene > Toronto

KARTE: Seite 72

LÄNGE: 10 Tage/1300 km

PRAKTISCHE HINWEISE:

- Während der Hochsaison sollte die Autofähre »M. S. Chi-Cheemaun« von Tobermory nach South Baymouth auf Manitoulin Island im Voraus gebucht werden (Anf. Mai bis Mitte Okt., Tel. 1-800-265-3163, www.ontarioferries.com).

TOUR-START:

Das erste Highlight dieser in **Toronto** > **S. 56** beginnenden und über das hübsche Städtchen **Niagara-on-the-Lake** 1 › S. 74 führenden Tour sind die **Niagarafälle** › S. 75. Diese kann man auf einer Bootstour aus nächster Nähe erleben. Nach dem feucht-fröhlichen Vergnügen geht es auf den Highways 20 und 8 durch weites landwirtschaftliches Gebiet gen Westen zur Mennoniten-Hochburg **St. Jacobs** 18 › S. 87. Nehmen Sie sich etwas Zeit für eine Spazierfahrt durch die Umgebung: Altmennoniten zuckeln hier in schwarzen Pferdedroschken über stille Landstraßen.

Nach einem Zwischenstopp in der »Shakespeare-Stadt« **Stratford** 19 › S. 89 reisen Sie, den Lake Huron immer zur Linken, nordwärts und rollen in Tobermory, am Nordzipfel der schönen **Bruce Peninsula** › S. 90, auf die Autofähre nach **Manitoulin Island** 26 › S. 90. Die Insel der First Nations zwischen Lake Huron und Georgian Bay ist für das vom Kanadischen Schild geprägte Nord-Ontario ebenso typisch wie der **Killarney Provincial Park** 27 › S. 92. Das malerische Wander- und Paddelrevier ist der nördlichste Punkt Ihrer Rundfahrt.

Die Rückreise führt über den Highway 69. Unterwegs nach Toronto lohnt sich ab **Parry Sound** 17 › S. 87 eine Dampferfahrt durch die **Thirty Thousand Islands** und ein Besuch in **Stainte-Marie among the Hurons** › S. 86 bei **Midland** 15: Die palisadenbewehrte rekonstruierte Missionsstation ist eines der besten Museumsdörfer des Landes. Danach geht es auf dem Highway 400 zurück nach **Toronto**.

TOUR 3

OST-ONTARIO: WÄLDER, SEEN UND DIE HAUPTSTADT

ROUTE: Toronto › Peterborough › Kawartha Lakes › Port Hope › Prince Edward County › Kingston › Thousand Islands › Morrisburg › Smith Falls › Ottawa › Ottawa Valley/ Beachburg › Algonquin Provincial Park › Muskoka Lakes › Gravenhurst › Toronto

KARTE: Seite 72
LÄNGE: 10 Tage/1300 km
PRAKTISCHE HINWEISE:

- Eine Tour mit dem Hausboot sollten Sie so weit wie möglich im Voraus reservieren; Adressen unter www.explorekawarthalakes.com › auch S. 34.
- Auch für die Raftingtouren bei Beachburg › S. 71 empfehlen sich Vorausbuchungen.

TOUR-START:

Etwas Geschichte, viel Action und Erholung auf dem Wasser, Kanadas Hauptstadt und die Wildnis! Von **Toronto** › S. 56 geht es auf den Highways 401 und 115 zunächst nach **Peterborough** 3, dem Tor zu den **Kawartha Lakes** › S. 76. Machen Sie unterwegs ruhig einen kleinen Umweg ins historische **Port Hope** am Lake Ontario. Nach einer Autofahrt und/oder Hausboottour durch die Seenlandschaft der Kawarthas geht es zum Lake Ontario, dessen Ufer Sie auf dem alten Highway 2 bis zum auf einer Insel gelegenen **Prince Edward County** folgen. Hier führt der Highway 33, der **Loyalist Parkway** (www.loyalistparkway.org), vorbei an charmant-viktorianischen Orten wie Ameliasburg und Adolphustown nach **Kingston** 7 › S. 77, wobei Sie das reizvolle Ufer des Lake Ontario stets zur Rechten haben. In Kingston warten Historie und Lifestyle. Von hier wie auch vom nahen Gananoque aus, können Sie eine Dampferfahrt auf dem St. Lawrence durch die **Thousand Islands** 8 › S. 79 unternehmen.

Interessantester Stopover auf der Weiterreise nach Ottawa ist das Museumsdorf **Upper Canada Village** 9 › S. 80 bei Morrisburg. Schönste Fotomotive sind das verschlafene Nest **Athens,** wo viele Hauswände mit Malereien verziert sind, sowie die am Rideau Canal liegenden Städtchen **Merrickville** mit seinen Kunsthandwerksläden und **Smith Falls,** wo das Rideau Canal Visitor Centre über das UNESCO-Weltkulturerbe informiert (34 Beckwith St. S., Tel. 613-283-5170; Mai–Okt. tgl. 10–16.30 Uhr). Für eine Übernachtung empfiehlt sich in Merrickville das gemütliche 1840 Guest House (223 Main St., Tel. 613-269-3025, www.merrickvillebandb.com, €).

Nach einem Besuch der Hauptstadt **Ottawa** 10 › S. 80 mit ihren hervorragenden Nationalmuseen geht es auf dem Highway 17 durch die aus Holzfällercamps entstandenen Städtchen im Ottawa Valley. Der Ottawa River wartet hier mit Stromschnellen und Wasserfällen auf und bietet bei **Beachburg** das beste Kajak- und Raftingrevier östlich der Rockies – ein Dorado für Whitewater-Fans, die sich auf 15 km Länge in Schlauch- und Paddelbooten mutig in die Fluten stürzen. › mehr S. 12 Punkt 2 Wildwasser-Novizen können sich erfahrenen Anbietern anvertrauen, wie z. B. Wilderness Tours in Beachburg (Tel. 1-888-723-8669, www.wildernesstours.com).

Auf dem Highway 60 fahren Sie danach durch waldreiches Hügelland dem berühmtesten Wildnisgebiet im Osten entgegen. Nur durch den Südzipfel führt die Straße, der weitaus größte Teil des **Algonquin Provincial Park** 12 › S. 84 ist nur zu Fuß oder im Kanu erkundbar. Durch den Westeingang geht es danach weiter zum Seengebiet der **Muskoka Lakes** 13 › S. 85, dem Erholungsgebiet der Torontonians.

Nach einem Stopover im schönen **Gravenhurst** 14 › S. 85 kehren Sie schließlich via Barrie zurück nach **Toronto.**

WICHTIGE ADRESSEN

- www.ontariotravel.net: Website von Tourism Ontario, mit guten Tipps für die Reiseplanung inkl. Links zu Attraktionen und Orten.
- www.ontarioparks.com: Website von Ontario Parks, das die Provinzparks verwaltet. OP bietet auch originelle, günstige Übernachtungen in Jurten und Blockhütten – weit im voraus buchen!

Sudbury
Lively
Copper Cliff
Hagar
Verner
Sturgeon Falls
North Bay
Lake Nipissing
Rutherglen
Massey
Espanola
La Cloche Range
Killarney P.P.
27
Noëlville
North Channel
Gore Bay
Kagawong
Little Current
Killarney
French River
Trout Creek
Arnstein
Manitoulin Island
Mindemoya
Wikwemikong
Manitowaning
Sundridge
Spring Bay
26
South Baymouth
Thirty Thousand Islands
Shawanaga
Sprucedale
Fathom Five National Marine Park
Flowerpot Is.
25
Tobermory
24
Bruce Peninsula National Park
Durcas Bay
17
Parry Sound
Parry S.
Huntsville
Oxtongue Lake
L. of Bays
Georgian Bay
Bruce Peninsula
Lion's Head
Ferndale
Foots Bay
Lake Rosseau
Bala
13
Bracebridge
Cape Croker Indian Res.
23
Georgian Bay Islands N.P.
16
Lake Muskoka
14
Gravenhurst
Honey Harbour
Severn Falls
Sainte-Marie among the Hurons
Port Severn
Wiarton
Penetanguishene
Midland
15
L. Couchiching
Lake Huron
Meaford
Nottawasaga Bay
Orillia
Owen Sound
Allenford
Collingwood
Lake Simcoe
Port Elgin
Barrie
Singhampton
Flesherton
Keswick
Kincardine
Durham
Bradford
Hanover
Shelburne
Newmarket
Amberley
Mt. Forest
Richmond Hill
Orangeville
Harriston
Wingham
Caledon
Kleinburg
Markham
Arthur
Goderich
21
Listowel
Fergus
Brampton
Toronto
USA
KANADA
Clinton
Guelph
Bayfield
22
St. Jacobs
18
START
New Hamburg
Kitchener
Cambridge
Mitchell
Baden
Burlington
Grand Bend
Exeter
19
Stratford
Niagara-on-the-Lake
Hamilton
St. Mary"s
1
2
St. Catharines
Brantford
Warwick
London
Thames R.
Bismarck
Niagara Falls
Sarnia
Strathroy
Welland
Tillsonburg
Simcoe
Dunnville
Oil City
Glencoe
St. Thomas
Nanticoke
Shedden
Port Bruce
Dresden
Thamesville
Eagle
Long Point
Dunkirk
Chatham
Morpeth
Lake Erie
20
Point Pelee N.P.
Cleveland
Fredonia

TOUREN IN ONTARIO

TOUR 2

ZENTRAL-ONTARIO: WILDNIS UND ETWAS KULTUR

Toronto > Niagara-on-the-Lake > Niagara Falls > St. Jacobs > Stratford > Bruce Peninsula > Manitoulin Island > Killarney P.P. > Thirty Thousand Islands > Midland > Penetanguishene > Toronto

TOUR 3

OST-ONTARIO: WÄLDER, SEEN UND DIE HAUPTSTADT

Toronto > Peterborough > Kawartha Lakes > Port Hope > Prince Edward County > Kingston > Thousand Islands > Morrisburg > Smith Falls > Ottawa > Beachburg > Algonquin P.P. > Muskoka Lakes > Gravenhurst > Toronto

UNTERWEGS IN ONTARIO

NIAGARA-ON-THE-LAKE

1 ★ C6

Mit seinen seit 1830 fast unverändert erhaltenen Villen gehört das ruhige Städtchen (17 000 Einw.) an der Mündung des Niagara River in den Lake Ontario zu den schönsten Nordamerikas. Es ist auch eine angenehm ruhige Basis für den Besuch der trubeligen Niagarafälle 20 km südlich.

Über die Stadtgeschichte informiert das **Niagara Historical Society Museum** (43 Castlereagh St.; Mai–Okt. tgl. 10–17, Nov.–April 13–17 Uhr, 5 $). **Fort George** ist eine rekonstruierte Festung (Anf. 19. Jh.), wo auch historische Events geboten werden (Niagara Pkwy., www.pc.gc.ca/fortgeorge; Mai–Okt. tgl. 10–17 Uhr, Nov.–April nur Sa/So, 11,70 $). Eine Attraktion ist das **Shaw Festival:** Jährlich von April bis Oktober werden in vier Theatern Stücke des irischen Dichters George Bernard Shaw und seiner Zeitgenossen gespielt (Tickets: Tel. 905-468-2172, www.shawfest.com).

INFO

NOTL Chamber of Commerce

- 26 Queen St. | Tel. 905-468-1950
  www.niagaraonthelake.com

HOTELS

Charles Inn €€€

Stilvoll-romantischer 19.-Jh.-Gasthof im historischen Zentrum.

- 209 Queen St.
  Tel. 905-468-4588 | 1-866-556-8883
  www.niagarasfinest.com/charles

La Toscana di Carlotta €–€€

Vier schöne helle Zimmer in einem historischen B & B, aufmerksame Gastgeberin aus der Toskana, denkwürdiges Frühstück.

- 255 King St. | Tel. 905-468-4865
  www.latoscanadicarlotta.com

RESTAURANTS

Zees Grill €€€

Spannende Küche unweit Shaw Festival Theatre. Fleisch-, Fisch-, Pastaspezialitäten; hübsche Terrasse.

- 92 Picton St. | Tel 905-468-5715

Olde Angel Inn Pub & Restaurant €–€€

Herzhaftes englisches *pub grub* im ältesten Gasthaus der Provinz. An Wochenenden Livemusik.

- 224 Regent St. | Tel. 905-468-3411

Shaw Café & Wine Bar €

Französisch inspiriertes Café-Restaurant mit schönem Garten zur Queen Street. Touristenmagnet, aber kreative aufgewertete Pubgerichte und Niagaraweine.

- 92 Queen St. | Tel. 905-468-4772

SHOPPING

Um Niagara-on-the-Lake werden einige der besten Weine Nordamerikas ausgebaut, darunter auch Eisweine. > **mehr S. 18 Punkt** 40 Direktverkauf z. B. bei **Inniskillin Wines** (1499 Line 3, Niagara Pkw., www.inniskillin.com; Führungen Juni–Aug tgl. 10.30–15.30, Sept.–Mai tgl. bis 14.30 Uhr jede volle Stunde).

AKTIVITÄTEN

Whirlpool Jet

Anbieter magenumdrehender Ritte durch die Stromschnellen unterhalb der Niagarafälle, Start Mitte Mai–Okt. tgl. 10–19 Uh am King George III. Inn.

- 61 Melville St. | Tel. 905-468-4800 www.whirlpooljet.com

DIE NIAGARAFÄLLE

2 C6

Das Alter Ego (88 000 Einw.) von Niagara-on-the-Lake ist lärmend und chaotisch. Und dennoch verzeichnet **Niagara Falls** 2 in Spitzenjahren bis zu 12 Mio. Besucher. Rings um die weltberühmten Wasserfälle wuchert zwar die Vergnügungsindustrie – die beste Show liefert jedoch Mutter Natur: 170 Mio. Liter Wasser stürzen pro Minute die Niagarafälle hinab. Neun Zehntel davon entfallen auf die kanadischen **Horseshoe Falls** (54 m hoch, 670 m breit), der Rest auf die **American Falls** auf US-Seite (56 m hoch, 323 m breit). Imposant sind die Fälle aus vielen Perspektiven: Auf der Aussichtsterrasse direkt über der Kante erlebt man sie besonder intensiv. > mehr S. 15 Punkt 25 Die beiden Katamarane von **Hornblower Cruises** fahren dicht an die Horseshoe Falls heran (www.niagaracruises.com), ein Tunnel führt vom **Table Rock House** hinter die Kaskaden, und im Drehrestaurant des **Skylon Tower** (www.skylon.com) kann man das Naturschauspiel zum Dinner beobachten.

INFO

Niagara Falls Tourism

- 5400 Robinson St.
  Tel. 905-356-6061 | 1-800-563-2557
  www.niagarafallstourism.com

Die Bootstour zu den Horseshoe Falls ist ein unvergessliches Erlebnis

VERKEHR

Es empfiehlt sich, das Auto schon auf einem der Parkplätze am Niagara Parkway abzustellen und den zwischen Queenston Heights und Niagara Falls verkehrenden Shuttlebus **People Mover** zu nutzen (April bis Okt. im 20-Min.-Takt).

DIE KAWARTHA LAKES

★ C5

Die Seenlandschaft der Kawartha Lakes liegt in einer Übergangszone zwischen St.-Lorenz-Tiefland und Kanadischem Schild. Stille Buchten laden zum Ankern ein, kleine Flüsse sind ideal für Kanutrips.

Als Tor zu den Seen gilt **Peterborough** 3 (84 000 Einw.). Zentrum der Uni-Stadt ist die altmodische George Street, in der sich der Besuch des **Canadian Canoe Museum** lohnt. Es widmet sich dem kanadischsten aller Fortbewegungsmittel (910 Monaghan Rd., www.canoemuseum.ca; Mo–Sa 10–17, Do bis 20, So 12–17 Uhr; 12 $). Die **Peterborough Lift Lock** am nahen Trent-Severn-Waterway › S. 76 gilt als das größte hydraulische Schiffshebewerk der Welt, ein Visitor Centre informiert über die National Historic Site und den Wasserweg (353 Hunter St. E.).

Die hübschesten Orte der Region sind Buckhorn und **Lakefield** 4 am Katchewanooka Lake, von wo aus man den **Petroglyphs Provincial Park** 5 mit seinen prähistorischen Felsmalereien besuchen kann (2249 Northey's Bay Rd., Woodview, Tel. 705-877-2552; Mitte Mai bis Mitte Okt. tgl. 10–17 Uhr, im Frühjahr und Herbst Mo/Di geschl., 10 $ pro Auto).

Das ehemalige Jagdcamp **Buckhorn** 6 am Buckhorn Lake ist heute ein beliebtes Ausflugsziel. Die Kultur der Ottawa und Ojibwa First Nations und ihr Kunsthandwerk können im **Whetung Ojibwa Centre** im Curve Lake First Nation Reserve bewundert und auch ge-

SKIPPER-PARADIES

Der 1833 begonnene **Trent-Severn Waterway** war seinerzeit der wichtigste Holztransportweg zwischen Trenton am Lake Ontario und Port Severn an der Georgian Bay. Über ein Netz aus Seen, Flüssen und Kanälen gelangten die Stämme in die Sägewerke der reichen *lumber barons*. Bei seiner Fertigstellung Anfang des 20. Jhs. hatte sich der Waterway jedoch bereits überlebt. Gerade noch rechtzeitig entdeckten Freizeitskipper den 386 km langen Wasserweg. Seither ist der Trent-Severn mit seinen rund 160 unbewohnten Inseln, 44 Schleusen und über 1600 km Uferlinie ein Dorado für Segler und Hausbootkapitäne. Mit *houseboats*, diesen Wohnmobilen auf Pontons, dauert die Tour vom Lake Ontario zur Georgian Bay eine gute Woche (Infos zur Anmietung von › S. 34). Die **Kawartha Lakes** gelten als schönster Teil des historischen Wasserwegs.

kauft werden (875 Mississauga St., www.whetung.com; tgl. 9–17 Uhr).
> mehr S. 17 Punkt 33

INFO

Peterborough and the Kawarthas Tourism

- 270 George St. N. | Peterborough
  Tel. 705-742-2201 | 1-800-461-6424
  www.thekawarthas.ca

HOTEL

Peterborough Inn & Suites €€

Der Hauch der guten, alten viktorianischen Zeit weht in diesem ehrwürdigen, aber mit allen modernen Annehmlichkeiten ausgestatteten Hotel im Zentrum.

- 312 George St. N. | Peterborough
  Tel. 705-876-6665
  www.peterboroughinn.com

RESTAURANT

St. Veronus Café & Tap Room €€

Hier essen die Einheimischen, und zwar gutbürgerliche belgische Küche, wie gegrillte Forelle mit Linsen, Croque Monsieur und Moules Frites.

- 129 Hunter St. W. | Peterborough
  Tel. 705-743-5714

KINGSTON 7 D5

Das frühere »King's Town« wurde einst von den Loyalisten > **Seitenblick S. 78** gegründet und erlebte als Warenumschlagplatz seine Blüte. Als der Rideau Canal 1832 von Ottawa aus die Stadt erreichte, erfüllte das heutige Kingston (117 000 Ew.) alle Voraussetzungen für einen Regierungssitz (1841–1844). Aus politischem Kalkül wurde 1844 jedoch Montréal zur Hauptstadt der Province of Canada gekürt.

Ruhiges Idyll in der Kawartha-Seenplatte

Dem kleinen Kingston blieben aber die große Prachtbauten. An der **Ontario Street** präsentieren sich Confederation Park, Jachthafen und die imposante alte **City Hall** besonders attraktiv. Letztere ist eines der schönsten Beispiele neoklassischer Architektur in Kanada. Heute Sitz der Stadtverwaltung, saß hier einst die Regierung der »United Province of Canada« (kostenlose Führungen Mai–Okt. Mo–Fr 10–16 Uhr)

Im **Bellevue House,** der Villa des ersten kanadischen Premierministers Sir John A. Macdonald, wird die Kingstoner Zeit des bedeutenden Kanadiers rekonstruiert (35 Centre St.; April–Mai tgl. 10–17, Juni–Sept. tgl. 9–18, bis Ende Okt. 10–17 Uhr, 3,90 $).

Kingstons populärste Sehenswürdigkeit ist **Fort Henry,** hinter dessen mächtigen Mauern und Bastionen britisches Militärleben des 19. Jhs. zum Leben erweckt wird (www.forthenry.com; Mitte Mai bis Okt. tgl. 9.30–17 Uhr, 20 $).

INFO

Tourism Kingston

- 209 Ontario St. | Tel. 1-888-855-4555
  www.visitkingston.ca

HOTELS

Hochelaga Inn €€–€€€
Das historische B&B bietet neugotische Eleganz mit gemütlich-nostalgischen Zimmern; inklusive Spa.

- 24 Sydenham St. S. | Tel. 613-549-5534
  1-877-933-9433 | www.hochelagainn.com

Green Woods Inn €€–€€€
Unweit von Fort Henry, in parkänlichem Garten. Das schöne Haus mit dem umlaufenden Balkon zählt zu den besten B&Bs der Stadt.
1368 Hwy. 15 | Tel. 613-544-1922
www.greenwoods-inn.ca

Secret Garden Bed & Breakfast Inn €€–€€€
Luxuriöse alte Nobelherberge Nähe Queen's University, stilvoll eingerichtet, hervorragendes Frühstück.

- 73 Sydenham St. | Tel. 1-877-723-1888
  www.thesecretgardeninn.ca

RESTAURANTS

Restaurants konzentrieren sich in Downtown Kingston entlang der Princess, Clarence und Ontario Sts.

Le Chien Noir €€
Delikate französische Bistro-Gerichte in zwangloser Atmosphäre.

- 69 Brock St. | Tel. 613-549-5635

Kingston Brewing Company €–€€
Vor Ort gebrautes Bier, deftige Küche, gleichgesinnte Gäste, prima Dynamik.
34 Clarence St. | Tel. 613-542-4978

NIGHTLIFE

Dank der Universität wird Kingston nachts richtig munter, besonders in Downtown an Ontario und Princess Sts., z. B. im beliebten Discoklub **Stages** (390 Princess St., www.

LONG LIVE KING GEORGE!

Loyalisten, Loyalisten-Kongresse, Loyalist Days: Der Mythos lebt. Als die 13 Kolonien im Süden das britische Joch abschüttelten, hielten immerhin 50 000 Königstreue zu »ihrem« King George. Dafür erlitten sie, bevor sie auf den Treck nach Norden gingen, Schmähungen, Enteignungen und Misshandlungen. So weit der Mythos. Ob es letztlich Loyalität, politische Unzufriedenheit oder aber – wie Spötter behaupten – nur die Aussicht auf billiges Land jenseits der Grenze war, was die Loyalisten antrieb, mag dahingestellt bleiben. Bei der Bildung der kanadischen Identität spielten sie jedenfalls eine wichtige Rolle, ihre Grundhaltung »lieber Kompromisse als Konfrontationen« hat sich tief in die kanadische Psyche eingegraben. Nicht umsonst lautet ein kanadischer Wahlspruch: »Peace, Order and good Government«.

Sogar das Generatorenhaus von Boldt Castle sieht wie ein Wasserschloss aus

stagesnightclub.ca), oder bei Craftbier und Livemusik im urigen Irish Pub **Tir Nan Og** (200 Ontario St., Tel. 613-544-7474).

Leon's Centre
Eine Vielzweck-Bühne für Musik-Top-Acts, Theater und Sport.

- The Tragically Hip Way 1
  www.leonscentre.com

THOUSAND ISLANDS

8 ★ D5

Viel mehr, nämlich genau 1865 Felseninselchen, liegen im Abflussgebiet des Lake Ontario. Die Reichen und Schönen haben hier ihre Privateilande mit luxuriösen Cottages bebaut. Auf ein- bis dreistündigen Dampferfahrten, die von Kingston, Gananoque, Ivy Lea, Rockport und Brockville aus starten, kommt man dicht daran vorbei (Anbieter unter www.visit1000islands.com).

Besonders sehenswert ist **Boldt Castle**, die »Burg« des deutschstämmigen George C. Boldt, der die Welt mit seinem Thousand-Islands-Salatdressing beglückte (www.boldtcastle.com; die Insel liegt in US-amerikanischen Gewässern – Reisepass nicht vergessen!).

Auf dem **Millionaires' Row** genannten Abschnitt breitet sich eine ganze Reihe schamlos teurer Villen aus. **Zavikon Island** besteht eigentlich aus zwei Inseln. Der Gag: Die Grenze mit den USA verläuft zwischen den Inseln, was den Besitzer veranlasste, die kürzeste internationale Brücke der Welt zu bauen. Eine atemberaubende Rundumsicht bietet sich vom 140 m hohen **1000 Islands Tower** auf Hill Island bei Ivy Lea (www.1000islandstower.com).

Karte S. 72

UPPER CANADA VILLAGE 9 E5

Bei **Morrisburg** steht eines der schönsten Museumsdörfer Kanadas: 35 historische Gebäude der Region wurden beim Bau des St. Lawrence Seaway abgetragen und hier zu einem Loyalisten-Dorf um das Jahr 1860 zusammengestellt (www.uppercanadavillage.com; Mai–Sept. tgl. 9.30–17 Uhr, auch diverse Themenwochenenden; 20 $).

OTTAWA 10 D4

Sauber und etwas angestrengt wirkt Ottawa (1,3 Mio. Einw.) auch nach über 140 Jahren des Regierens. Der Dollarsegen jedoch, den Hauptstädte ja genießen, hat sich in sehenswerten Nationalmuseen und Galerien niedergeschlagen.

Mit dem Bau des Rideau Canal zum Lake Ontario entstand ab 1826 in der Kurve des Ottawa River die Holzfällersiedlung Bytown. 1857 kürte Queen Victoria das inzwischen in Ottawa umbenannte Städtchen zur Hauptstadt der Provinz Kanada. 1867 wurde es Regierungssitz des Dominion of Canada. Seitdem bemüht sich Ottawa, das Land zusammenzuhalten.

RUND UM PARLIAMENT HILL A

Für Besucher sind die drei Regierungsgebäude, ab 1857 in Neogotik erbaut, der ideale Ausgangspunkt für einen Stadtrundgang. Die Besichtigung der **Parliament Buildings** umfasst eine Tour durch den **Centre Block,** wo Senate und House of Commons untergebracht sind (nähere Infos im Visitor Welcome Centre im Centre Block). Ein Muss ist die grandiose lichtdurchströmte **Parlamentsbibliothek.**

Ebenso wenig sollte man die Auffahrt auf den fast 100 m hohen **Peace Tower** versäumen. Von Ende Juni bis Ende August rundet die von der Bundespolizei täglich um 10 Uhr zelebrierte **Wachablösung** auf dem Parlamentsrasen das »very British« wirkende Bild ab.

NATIONAL GALLERY OF CANADA B

Gleich von der Terrasse hinter dem Parlament blickt man auf das überdimensionale Glashaus der Nationalgalerie, das die neogotische Parlamentsbibliothek zitiert. Mit diesem Museumsbau gelang dem kanadischen Stararchitekten Moshe Safdie ein eigenes Kunstwerk. Genial einfach konzipierte Galerien und Atrien sowie die erhabene Great Hall mit ihrem langen Aufgang setzen die Kunst wirkungsvoll in Szene: über 40 000 Gemälde, darunter zahlreiche Werke der Group of Seven, Zeichnungen, Skulpturen und eine rekonstruierte Kapelle (380 Sussex Dr., www.gallery.ca; tgl. 10–18, Do bis 20 Uhr, 15 $). > mehr S. 15 Punkt 26

Der National Gallery angegliedert ist das **Canadian Photography Institute,** das eine Sammlung und Ausstellungen von Fotokunst und -dokumentationen internationalen Ranges von der Mitte des 19. Jh. bis in die Gegenwart präsentiert.

Imposante Kunst der First Nations in der Grand Hall des Canadian Museum of History

MUSÉE CANADIEN DE L'HISTOIRE C 3

Keinesfalls verpassen darf man auch das einzigartige Museum zur Kultur- und Siedlungsgeschichte Kanadas in Gatineau, gegenüber am Westufer des Ottawa River. Ebenso außergewöhnlich wie die geschwungene Silhouette aus der Feder von Douglas Cardinal – sie symbolisiert die Naturgewalten, die Kanada geformt haben – ist sein interaktives Innenleben. Besonders sehenswert sind die Totempfähle in der halbovalen Grand Hall. › mehr S. 16 Punkt 27 In der First Peoples Hall wird die gesamte Bandbreite indigener kanadischer Kulturen gezeigt, ihre Beziehungen zu Natur und Umwelt, aber auch ihr Verhältnis zu den seit Anfang des 16. Jhs. eindringenden Europäern (100 Laurier St., www.historymuseum.ca; tgl. 9–18 Uhr, 20 $).

RIDEAU CANAL UND BYWARD MARKET

Von »The Hill« nicht weit entfernt in Richtung Rideau Canal liegen das **National Arts Centre** D, mit Bühnen für Theater, Oper und Musical, und das traditionsreiche Fairmont-Hotel **Château Laurier** E › S. 83. Und dazwischen beginnt mit der **Sparks Street Mall** (Kent/Elgin Sts., www.sparkslive.com) eine beliebte Fußgänger-Einkaufszone.

Am Parlament vorbei zwängt sich der Rideau Canal mit acht Schleusen zum Ottawa River, das winzige **Bytown Museum** F informiert hier über den Kanalbau 1826 bis 1832 (Mai–Okt. tgl. 10–17 Uhr, 6,50 $). Bytown-Nostalgie bietet der **Byward Market** G – der traditionelle Bauernmarkt mit Blumen- und Gemüseständen, aber auch Kunsthandwerk (Mo–Sa 9.30–18, Do bis 20, So bis 17 Uhr).

SUSSEX DRIVE UND ROCKCLIFFE

Byward Market und Parliament Hill trennt der **Sussex Drive**. Wer ihm nach Norden folgt, passiert zunächst die festungsartige US-Botschaft, überquert den Rideau River und gelangt, vorbei an der modernen **Ottawa City Hall** (H), bald ins noble Diplomatenviertel **Rockcliffe**. Das eher bescheiden anmutende **Haus Nr. 24** (I) ist der Wohnsitz des kanadischen Premierministers.

Der Governor General, Stellvertreter von Queen Elizabeth II. in Kanada, residiert im von hohen Mauern umgebenen Anwesen **Rideau Hall** (J). Das ruhige, sichere Rockcliffe ist der Traum aller vor dem Ruhestand stehender Diplomaten. Eine Spazierfahrt auf dem **Rockcliffe Parkway** (K) führt an Villen von Volksvertretern aus aller Welt vorbei.

WEITERE MUSEEN

Ohne Pathos widmet sich das **Canadian War Museum** Kanadas Rolle in den Kriegen der Welt (1 Vimy Place, www.warmuseum.ca; tgl. 9.30 bis 18 Uhr, 17 $). Das **Canadian Museum of Nature** zeigt Naturgeschichte für die ganze Familie (240 McLeod St., www.nature.ca; Di–So 9–17, Do bis 20 Uhr, 14,50 $).

(A) Parliament Hill
(B) National Gallery of Canada
(C) Musée Canadien de l'Histoire/ Canadian Museum of History
(D) National Arts Centre
(E) Fairmont-Hotel Château Laurier
(F) Bytown Museum
(G) Byward Market
(H) Ottawa City Hall
(I) Prime Minister's Residence
(J) Rideau Hall
(K) Rockcliffe Parkway

Eine tolle Sammlung alter Fluggeräte besitzt das **Canada Aviation Museum** (11 Aviation Pkwy., www.casmuseum.techno-science.ca; tgl. 9–17 Uhr, 15 $). Für 68 $ mehr können Sie sich sogar für 10 Min. in einem alten Doppeldecker über die Bundeshauptstadt fliegen lassen!

Und das 2017 eröffnete **Canada Science and Technology Museum** präsentiert multimedial kanadischen Erfindungsgeist (1867 St. Laurent Blvd. www.ingeniumcanada.org/scitech; tgl. 9–17 Uhr, 17 $.

INFO

Ottawa Tourism

- 90 Wellington St. | Tel. 613-237-5150 1-844-878-8333 | www.ottawatourism.ca

Tipps zu Kultur, Veranstaltungen etc. im **Ottawa Magazine** (www.ottawamagazine.com) und in **Where Ottawa** (www.where.ca/ontario/ottawa).

HOTELS

Fairmont Château Laurier €€€

Traditionshotel im Zentrum, Zimmer im opulenten Fin-de-siècle-Stil.

- 1 Rideau St. | Tel. 613-241-1414 1-866-540-4410 www.fairmont.com/laurier

Cartier Place €€

Viel Hotel zu reellen Preisen: Geräumige Suiten, nahe Parliament Hill.

- 180 Cooper St. | Tel. 613-236-5000 www.suitedreams.com

The Albert at Bay €–€€

Günstiges Stadthotel mit großzügigen, zweckmäßig eingerichteten Suiten, Fitness Centre und Tiefgarage.

- 435 Albert St. | Tel. 613-238-8858 www.albertatbay.com

RESTAURANTS

St. Martha's Brasserie €€

Steak & frites, Lamm und Confit de Canard total entspannt: Die lebhafte Vorort-Brasserie ist beliebt bei Einheimischen!

- 503-3095 St. Joseph Blvd.1 | Orléans Tel. 613-424-9199

Tomo Restaurant €–€€

Pan-Asiatische Küche mit starkem japanischem Akzent. Bestes Sushi in Ottawa.

- 109 Clarence St. | Tel. 613-241-0990

Elgin Street Diner €

Der beliebte Diner serviert Kalorienbomben, v. a. Burger, Poutine und Rauchfleisch. Die joviale Atmosphäre gleicht das aus.

- 374 Elgin St. | Tel. 613-237-9700

NIGHTLIFE

The Mercury Lounge

Unkaputtbar: Die Partylegende am Byward Market hostet seit vielen Jahren Mi–So Livemusik und Slam Poetry.

- 56 Byward Market | Tel. 613 789 5324

El Furniture Warehouse

DJs aus Ottawa und Umgebung, Livemusik und beliebter Hangout der Einheimischen

- 77 Clarence St. | Tel. 613 695 1771

Metropolitan Brasserie & Restaurant

Livejazz und -blues in französischem Brasserie-Dekor.

- 700 Sussex Dr. | Tel. 613-562-1160

SHOPPING

Im **Rideau Centre** findet man 180 Geschäfte unter einem Dach (Sussex Dr./Rideau St., www.cfshops.com/rideau-centre.html).

AUSFLUG: CARP 11 D4

35 km westlich von Ottawa, bei Carp, liegt ein gewaltiger, im Kalten Krieg erbauter Bunker. Er sollte bei einem Atomschlag Kabinett, CBC Radio und Goldreserven aufnehmen. 1994 wurde er zum **Diefenbunker Museum** umfunktioniert und erklärt nun die Rolle Kanadas während des Kalten Krieges (Hwy. 417 westwärts, Exit Carp, Schildern folgen; www.diefenbunker.ca; Führungen tgl. 11–16 Uhr, 17,50 $).

ALGONQUIN PROVINCIAL PARK 12 ★ C/D4/5

Für Naturfreunde verkörpert der Algonquin Provincial Park mit seinen klaren Seen, dichten Wäldern und reichem Wildtierbestand Kanada schlechthin. Nur der Hwy. 60 schneidet in einer 56 km langen Schlaufe durch den Süden des Parks. > mehr S. 15 Punkt 24 Wanderer können die Parkränder auf rund 20 Wanderwegen erlaufen.

Das Innere ist nur per Kanu erreichbar, viele der schönsten Kanutrails (2100 km) beginnen auf dem Canoe Lake. Ein Highlight ist die Rundtour durch Teepee Lake, Tom Thomson Lake, McIntosh Lake, White Trout und Big Trout Lake zurück zum Canoe Lake. Für Paddler, die absolute Ruhe suchen, empfiehlt sich der vom Kiosk am Hwy. 17 aus erreichbare Norden von Algonquin.

Outfitter, die Kanu und Campingausrüstung verleihen, finden sich außerhalb der Parkgrenzen Seitenblick > S. 33 ebenso wie günstigere Unterkünfte. Im Park liegen drei komfortable Lodges.

INFO

Algonquin Provincial Park
Visitor Centre am Hwy. 60, ca. 40 km vom West Gate. Juni–Sept. tgl. 9–21, Sept.–Okt. 10–18, sonst 10–17 Uhr.

Der farbenprächtige Indian Summer gilt als die fünfte Jahreszeit

- Whitney | Tel. 705-633-5572
  www.algonquinpark.on.ca

VERKEHR

Von Toronto und Ottawa aus fährt der Parkbus diverse Ziele im Algonquin P.P. an (Info: www.parkbus.ca, Reservierung: Tel. 1-800- 928-7101; Mo–Fr 9–17 Uhr).

HOTELS

Arowhon Pines €€€

Wunderschönes traditionsreiches Sommer-Resort in einsamer Lage am Little Joe Lake. Gutes Restaurant in Tipi-Form.

- Hwy. 60 | 16 km vom Westeingang
  Tel. 705-633-5661 | 1-866-633-5661
  www.arowhonpines.ca

Killarney Lodge €€€

Rustikale Eleganz am Lake of Two Rivers, mit Blockhütten, Privatkanu und feinem Restaurant.

- Hwy. 60 | 33 km vom Westeingang
  Tel. 1-866-473-5551
  www.killarneylodge.com

Algonquin Inn €€

Preiswertes Resort kurz vor dem Westeingang. Zweckmäßig eingerichtete Zimmer und Cottages, Restaurant.

- Oxtongue Lake | Dwight
  Tel. 705-635-2434 | 1-800-387-2244
  www.algonquininn.com

MUSKOKA LAKES 13 C5

Für Torontonians ist das Seengebiet der Muskokas als *cottage country* ein Synonym für Erholung im Wochenendhaus, das entsprechende Wassersportangebot dazu findet man in dieser Region reichlich (www.discovermuskoka.ca).

Die behagliche Kleinstadt **Gravenhurst** 14 besitzt ein hübsches viktorianisches Zentrum und ist Startpunkt für Dampferfahrten auf dem Lake Muskoka. Das 1887 in Dienst gestellte Postschiff »RMS Segwun« und sein 2002 vom Stapel gelaufenes Schwesterschiff »Wenoah II« legen von der Muskoka Wharf zu romantische Lunch und Sunset Dinner Cruises ab (www.realmuskoka.com; Juni–Okt.). In Gravenhurst macht die **Bethune Memorial House National Historic Site** mit dem Arzt Dr. Norman Bethune (1890–1939) bekannt, der im Bürgerkriegs-Spanien und im Revolutions-China einen modernen Sanitätsdienst aufbaute (297 John St. N.; Juni–Aug. tgl. 10–16 Uhr, Sept.–Okt. nur Sa–Mi, 3,90 $).

HOTELS

Inn at the Falls €€–€€€

Rundum britisch ist dieses auf mehrere Häuser verteilte Inn, inklusive Pub. Viele Zimmer mit Whirlpool.

- 8 Mahaffy Court | Bracebridge
  Tel. 705-645-2245 | www.innatthefalls.ca

Pine Dale Inn Motel €–€€

Angenehmes Motel mit Pool, alle Zimmer mit Kitchenette.

- 200 Pinedale Lane | Gravenhurst
  Tel. 705-687-2822

MIDLAND 15 C5 & UMGEBUNG

In und um Midland (35 000 Einw.) werden dem Besucher Geschichte und Kultur der drei *founding na-*

tions nähergebracht: Das **Huronia Museum and Ouendat Village** in Midland widmet sich in Ausstellungen und einem Museumsorf dem First-Nations-Stamm der Ouendat, bekannter als Huronen (549 Little Lake Park, www.huroniamuseum.com; Mo–Sa 9–17 Uhr, 12 $).

ONTARIOS GESCHICHTE LIVE

- Die Rekonstruktion von **Fort George** in Niagara-on-the-Lake erinnert mit Ausstellungen und »echten« Rotröcken an den Anfang des 19. Jhs., als das Fort eine britische Bastion gegen die Amerikaner in Fort Niagara gleich gegenüber war. > **S. 74**
- Die Rolle des Kanus als Fortbewegungsmittel in Kanadas Wildnis und über 600 historische Boote zeigt das **Canadian Canoe Museum** in Peterborough. > **S. 76**
- Im **Upper Canada Village** bei Morrisburg wird der Alltag eines Loyalisten-Dorfes um 1860 wieder lebendig, wofür u. a. authentische »Bewohner« sorgen. > **S. 80**
- Die rekonstruierte Missionsstation **Sainte-Marie among the Hurons** vermittelt anschaulich die ersten Kulturkontakte zwischen Rot und Weiß – und ihr blutiges Ende. > **rechts**
- Die Geschichte der Mennoniten erzählt die exzellente multimediale Ausstellung **The Mennonite Story** im Besucherzentrum in St. Jacobs. > **S. 88**

SAINTE-MARIE AMONG THE HURONS 4

Das Museumsdorf östlich von Midland steht für ein dramatisches Kapitel in der Geschichte Kanadas: Seit 1624 missionierten hier Jesuiten aus Québec, 1639 errichteten sie eine Missionsstation – die erste europäische Siedlung in Ontario. 1649 machten Irokesen jedoch so grausam Schluss damit, dass sich 100 Jahre lang kein Weißer mehr hierher wagte. Was blieb, sind die »Relations« genannten Tagebücher der Mönche, einzigartige Dokumente über die harte Missionsarbeit und den regen Kulturaustausch.

Heute spielen in der rekonstruierten Station Sainte-Marie among the Hurons »Jesuiten« und »Huronen« das Abenteuer nach. Ein spannend inszeniertes Museum informiert über diesen ersten derart ausführlich dokumentierten Kulturkontakt in Nordamerika (16164 Highway 12 E., www.saintemarieamongthehurons.on.ca; Mitte Mai bis Mitte Okt. tgl. 10–17 Uhr, 10 $).

PENETANGUISHENE

Auf britische Geschichte trifft man dagegen im frankofonen Penetanguishene: Schilder weisen hier den Weg zum **Discovery Harbour** am Severn Sound, wo die beiden historischen Schoner »H. M. S. Bee« und »H.M.S. Tecumseth« auf seefeste Gäste warten. Die von 1814 bis 1856 exisitierende Garnison wurde originalgetreu rekonstruiert (93 Jury Dr., www.discoveryharbour.on.ca; Mai bis Juni Mo–Fr 10–17, Juni–Sept. tgl. 10–17 Uhr, 7 $).

INFO

Tourism Simcoe County

- 1151 Hwy. 26 W. | Minesing
  Tel. 1-800-487-6642
  www.experience.simcoe.ca

HOTEL

Severn Lodge €€–€€€

Schöne Lodge am Gloucester Pool, großes Freizeitangebot, gute Küche.

- 116 Gloucester Trail | Port Severn
  Tel. 705-756-2722 | 1-800-461-5817
  www.severnlodge.on.ca

RESTAURANT

Mom's Restaurant €

Der Name sagt's schon: Es gibt Hühnchen, Sandwiches, Steaks und frische Salate wie bei Muttern.

- 200 Pillsbury Dr. | Midland
  Tel. 705-527-0700

THIRTY THOUSAND ISLANDS

Die östliche Georgian Bay säumt eine Schärenlandschaft mit unzähligen kiefernbewachsenen Felsinselchen, den sog. Thirty Thousand Islands. 63 von ihnen im Süden des Insellabyrinths stehen als **Georgian Bay Islands National Park** 16 C5 unter Schutz. Erste Anlaufstation ist das Parks Canada Welcome Centre in **Port Severn** (Lock 45, Tel. 705-526-9804, www.pc.gc.ca).

Von **Honey Harbour** aus bringen Wassertaxen Besucher für Tageswanderungen nach **Beausoleil Island.** Die größte Insel des Archipels, weist eine enorme, für Übergangszonen typische Pflanzenvielfalt auf.

Auch die kleine Hafenstadt **Parry Sound** 17 C4 am Ostufer der Georgian Bay ist Ausgangspunkt für Bootstrips in die vorgelagerte Inselwelt. Am Town Dock legt der Ausflugsdampfer »Island Queen« zu dreistündigen Kreuzfahrten durch die Thirty Thousand Islands ab (Island Queen Cruise, 9 Bay St., Tel. 1-800-506-2628, www.islandqueencruise.com; Juni–Okt., 44 $).

HOTEL

Sunny Point Resort €€–€€€

Das weitläufige Resort am Otter Lake bietet geräumige Suiten und gepflegte Cottages für Selbstversorger und dazu ein umfangreiches Freizeitangebot. Ideal für ein paar faule Tage über und unter Wasser.

- 41 Sunny Point Rd. | Parry Sound
  Tel. 705 938 | 1-800-265-0432
  www.sunnypointresort.com

RESTAURANT

Trapper's Choice €€

Hier essen die *locals* – vor allem Steaks und Leber.

- 50 Joseph St. | Tel. 705-746-9613

ST. JACOBS 18 B5

Keine zehn Autominuten von der nüchternen Großstadt Kitchener-Waterloo entfernt eröffnet sich ein Kontrastprogramm zum modernen Ontario im sogenannten **Mennonite Country:** Zutiefst religiöse Altmennoniten spannen hier wie einst Ackergäule vor den Pflug. Die sanften Fundamentalisten – Männer tragen schlichtes Schwarz, Frauen weite blaue Kleider und weiße Häubchen – fahren Pferdedrosch-

»Buy local« ist angesagt auf dem Farmers' Market von St. Jacobs

ken statt Autos und lehnen auch andere technische Neuerungen überwiegend ab.

Das Zentrum ihres Siedlungsgebietes ist der hübsche Marktflecken **St. Jacobs** (1400 Einw.). Mehr über die Wiedertäufer-Bewegung, ihren Gründer Menno Simons und ihre Auswanderung nach Nordamerika erfährt man im Besucherzentrum/Museum **The Mennonite Story** (1406 King St.; Mo–Sa 11–17, So 13.30–17 Uhr, Eintritt: kleine Spende). Die **King Street** säumen (Kunst-)Handwerks- und Accessoiresläden – charmante, aber deutliche Zeichen zunehmender Kommerzialisierung.

Auf dem lebhaften **Farmers' Market** am Stadtrand werden frisches Gemüse und hausgemachte Spezialitäten, zudem Kunsthandwerk und Raritäten feilgeboten (Do und Sa 7–15.30 Uhr). Hier bieten sich auch gute Gelegenheiten zu einem Plausch mit Altmennoniten und Amischen. › **mehr S. 15 Punkt 20** Ein Hinweis: Die Altmennoniten sind keine Touristenattraktion und wollen nicht fotografiert werden!

INFO

St. Jacobs Country

- 1386 King St. N. | St. Jacobs
  Tel. 519-664-2293 | 1-800-265-3353
  www.stjacobs.com

HOTELS

Courtyard Waterloo St. Jacobs €€

Marriott-Hotel, strategisch günstig in Sichtweite des Farmers' Market gelegen. Verlässliches Abgebot, Standardzimmer.

- 50 Benjamin Rd. E. | Waterloo
  Tel. 519-884-9295 | 1-800-972-5371
  www.stjacobs.com/hotels

Maryhill Inn €€

Das gemütliche, 1850 von elsässischen Auswanderern als Hotel gebaute B&B liegt 15 Min. östlich von St. Jacobs im Weiler Maryhill. Es bietet sechs liebevoll eingerichtete Zimmer und ein reichhaltiges Frühstück.

- 1302 Maryhill Rd. | Maryhill
  Tel. 519-648-3098
  www.maryhillinn.com

STRATFORD 19 B6

Das Städtchen (32 000 Einw.) knapp 50 km südwestlich von St. Jacobs liegt, wie sein englischer Namensgeber Stratford-upon-Avon, am Fluss Avon und strahlt auch jede Menge »Merry-old-England«-Atmosphäre aus. Seit 1953 feiert es sein **Stratford Shakespeare Festival,** das in ganz Nordamerika Ansehen genießt (April–Nov.; Tel. 1-800-567-1600, www.stratfordfestival.ca).

INFO

Stratford Tourism Alliance

- 47 Downie St.
  Tel. 519-271-5140 | 1-800-561-7926
  www.visitstratford.ca

HOTEL

The Stonemaiden Inn €€–€€€

Das romantische B & B aus viktorianischer Ära liegt in einem grünem Wohnviertel, nur 5 Gehmin. vom Zentrum.

- 123 Church St. | Tel. 519-271-7129
  www.stonemaideninn.com

RESTAURANTS

Revival House €€€

Exzellente, französisch inspirierte Menüs in ehemaligem Kirchenschiff.

- 70 Brunswick St. | Tel. 519-273-3424

The Red Rabbit €€

Ganz schön kreativ: Hier wird nur mit saisonalen Produkten von Farmen aus der Umgebung gekocht!

- 64 Wellington St. | Tel. 519-305-6464

AUSFLUG: POINT PELEE NATIONAL PARK 20 B6

Ein lohnender 250-km-Abstecher führt von Stratford via London zum Nationalpark am südlichsten Punkt Kanadas, wo auf einer 15 km^2 großen sandigen Halbinsel im Lake Erie Pflanzen und Bäume gedeihen, die sonst erst viel weiter südlich vorkommen, wie Sykomoren oder Walnussbäume. Attraktiv ist der von schönen Wegen durchzogene Park besonders für Vogelbeobachter: Auf einer der großen Vogelfluglinien von Nordamerika liegend, ist Point Pelee im Frühjahr und Herbst für bis zu 350 Arten der letzte Rastplatz vor der Überquerung des Lake Erie bzw. der erste nach dem ermüdenden Rückweg (www.pc.gc.ca; April bis Okt. tgl. 6–22 Uhr, 7,80 $).

Bei Nationalparktouren bietet sich als Basis mit Unterkünften das nahe Städtchen **Leamington** an (www.tourismleamington.com).

GODERICH 21 B5 UND BAYFIELD 22

Erst mit dem Bau der Huron Road von Cambridge zum Lake Huron wurde ab 1825 auch dieser Teil Ontarios erschlossen. Endstation war **Goderich,** heute ein angenehmes Städtchen mit Marina, Parks und schöner Uferpromenade. Die meisten Besucher zieht es jedoch zu den endlosen, goldgelben Sandstränden nördlich und südlich der Stadt. Dabei bleiben die älteren Semester gern in Goderich, während Jüngere **Bayfield** bevorzugen. Dort sorgen Cafés und Kunsthandwerkläden für Ferienstimmung. (Infos zu beiden Orten und weiteren in der Umgebung: www.ontarioswestcoast.ca).

HOTELS

The Little Inn €€–€€€

Romantisches Haus aus den 1830er-Jahren mit stilvoll eingerichteten, hellen Zimmern und guter Küche.

- 26 Main St. N. | Bayfield
  Tel. 519-565-2611 | 1-800-565-1832
  www.littleinn.com

Albion Hotel €–€€

Preiswertes, zentral liegendes Hotel im rustikalen Landhausstil, regionale Produkte kommen frisch auf den Tisch.

- 1 Main St. | Bayfield
  Tel. 519-565-2641
  www.albionbayfield.com

RESTAURANTS

Ivy Ding Room at Benmiller Inn €€–€€€

Ausgezeichnetes Hotelrestaurant in historischer Mühle bei Goderich.

- 81175 Benmiller Lane | Benmiller
  Tel. 519-524-2191 | 1-800-265-1711
  www.benmiller.ca

Hessenland Country Inn €€

Verfeinerte deutsche Küche am Lake Huron südlich von Bayfield.

- RR 2 | Zurich | Tel. 519-236-7707
  www.hessenland.com

BRUCE PENINSULA B4/5

Rund 80 km lang schiebt sich die Bruce Peninsula zwischen Lake Huron und Georgian Bay. Kalksteinklippen, Höhlen, Wälder und eine zerklüftete Küste auf der Ostseite machen die Halbinsel zu einem reizvollen Wanderrevier. Ausdauernde können dem **Bruce Trail** folgen. Der insgesamt über 800 km lange Fernwanderweg durchquert Zentral-Ontario, auf der Bruce Peninsula verlaufen seine schönsten Abschnitte (www.brucetrail.org).

Unberührte Sandstrände verstecken sich in den einsamen Buchten des **Cape Croker Indian Reserve** 23. Ein Teil dieser herrlichen Landschaft ist im 270 km² großen **Bruce Peninsula National Park** 24 geschützt. Vom Besucherzentrum am Cyprus Lake führen abwechslungsreiche Trails zur Küste.

Kanadas einziger Unterwasser-Nationalpark erstreckt sich vor der Nordspitze von »The Bruce«: Die Attraktionen des **Fathom Five National Marine Park** 25 sind skurrile Gesteinsformationen *(flowerpots)* sowie seine Schiffswracks, die ihn zum Mekka für Sporttaucher machen. Vom nahen **Tobermory** starten auch Glasbodenboote (Infos im Visitor Centre bei Tobermory, www.pc.gc.ca; Juni–Anf. Sept.).

MANITOULIN ISLAND

26 B4

»Insel des Großen Geistes« – so nennen die Ojibwa First Nations Manitoulin Island, die mit 2800 km² größte Insel der Welt in einem Binnensee. Die Autofähre »Chi-Cheemaun« › S. 69 legt in **South Baymouth** an. Wenige Kilometer

Flowerpots, die berühmten »Blumentopf«-Erosionsformen, im Fathom Five Marine Park

später wird deutlich, dass Manitou weise wählte: Sandstrände, blaue Inlandseen, dichte Wälder und heller Kalkstein prägen die Insel.

Mehr als ein Viertel der fast 13 000 Insulaner sind Potawatomi, Odawa und Ojibwa. Die Bewohner des **Wikwemikong Unceded Reserve** im Ostteil haben ihr Land niemals an die weiße Regierung abgetreten und zählen sich deshalb nicht zu Kanada. Hier findet jeden Sommer das größte **Pow Wow** Kanadas statt. › mehr S. 16 Punkt 28 Zu den dreitägigen farbenprächtigen Tanzwettbewerben reisen First Nations aus ganz Nordamerika an (Anfang Aug.; Infos: Great Spirit Circle Trail, 5905 Hwy. 540, Tel. 705-377-4404, www.circletrail.com).

Ein anderes bekanntes indianisches Zentrum ist das **Kasheese Craft Studio** im M'Chigeeng First Nation Reserve: Profilierte indianische Künstler stellen hier Skulpturen und Malereien aus.

In Manitowaning präsentiert der **Assiginack Museum Complex** mit alten Gebäuden und dem historischen Dampfer »SS Norisle« die Geschichte der Urbevölkerung und der Pioniere (125 Arthur St.; Juni/Sept. Mo–Fr 10–17, Juli–Aug. tgl. 10 bis 17 Uhr).

INFO

Manitoulin Tourism Association

- 70 Meredith St. E. | Little Current
  Tel. 705-368-3021
  www.manitoulintourism.com

HOTELS

The Queen's Inn €€
Schöner alter Inn mit Seeblick-Veranda und nostalgischen Zimmern.
- 19 Water St. | Gore Bay
  Tel. 705-282-0665 | www.thequeensinn.ca

Buckhorn Motel €
Holzgetäfelte Zimmer, Snack-Kantine.
- 21076 Hwy. 6 | South Baymouth
  Tel. 705-859-3635
  www.buckhornmotel.com

RESTAURANT

Elliott's Restaurant €–€€
Nordamerikanische Klassiker wie Clubhouse Sandwich und Surf & Turf werden hier zeitgemäß mit Brie, Äpfeln und Preiselbeer-Mayo zubereitet.
- 28 Vankoughnet St. | Little Current
  Tel. 705-368-3370

AKTIVITÄTEN

Kanuwandern und Segeln im schärenartigen North Channel, der Verbindung zwischen Georgian Bay und Lake Huron, begeistert Paddler. Die nötige Ausrüstung kann bei **Great Spirit Circle Trail** > S. 91 gemietet werden.

KILLARNEY PROVINCIAL PARK 27 5 B4

Die herbe Schönheit des 345 km² großen Provinzparks inspirierte in den 1920er-Jahren die Maler der »Group of Seven« > S. 48. Vier Eiszeiten haben hier die Gipfel der **La Cloche Range** abgehobelt und rund 300 klare Gletscherseen hinterlassen. Naturfreunde finden im Park eine besonders artenreiche Flora und mehr als 100 Vogelarten, Wanderer können auf herrlichen Trails, darunter dem 100 km langen, am Campingplatz beim George Lake beginnenden und endenden **La Cloche Silhouette Trail,** die filigrane Küste der Georgian Bay und das wilde Innere erkunden.

Zu den zahllosen Biberburgen gelangt man auch durch enge Naturkanäle, am besten im Kanu. Idealer Ausgangspunkt für mehrtägige Kanuexpeditionen ist **George Lake,** von wo auch mit der North Boundary Loop die längste (10 Tage) startet. Hier und bei der Killarney Mountain Lodge im Örtchen Killarney am Ende des Hwy. 637 findet man gut sortierte Outfitter.

VERKEHR

Anfahrt: Von Little Current (Manitoulin Island) via Drehbrücke und Dämme zum Nordufer des North Channel und via Sudbury, von der östlichen Georgian Bay auf dem Trans Canada Highway (Hwy. 69) via Parry Sound > S. 87.

HOTEL & CAMPING

Killarney Mountain Lodge €€–€€€
Traditionslodge am Wasser, vermietet auch Cottages; gutes Restaurant.
- 3 Commissioner St. | Killarney
  Tel. 705-287-2242 | 1-800-461-1117
  www.killarney.com

Ontario Parks bietet im Killarney Provincial Park neben Campingplätzen – für Kfz-Touristen am George Lake Campground – auch Übernachtung in geräumigen, mit Etagenbetten und Grill ausgerüsteten Jurten an (Reservierung unter Tel. 1-888-668-7275, www.ontarioparks.com).

AUF EINSAMEN PFADEN

Gipfelpanorama am Gros Morne über die Fjordküste in Richtung St.-Lorenz-Strom

Viele vorbildlich markierte Trails durchziehen Ostkanadas National- und Provinzparks. Dabei reicht das Angebot vom kurzen Spaziergang zum Biberdamm bis zu mehrwöchigen Treks durch schwer zugängliche Elch- und Karibu-Reviere.

TRAILS ZUM TRÄUMEN

Im **Killarney Provincial Park** > S. 92 findet man neben dem 100 km langen La Cloche Silhouette Trail weitere Highlights wie den über schimmernden Granitfelsen zu Aussichten hoch über der Georgian Bay führenden Granite Ridge Trail (2 km). Anstrengender, aber lohnend ist der Chikanishing Trail (3 km) über große Granitblöcke zum Collins Inlet.

Der wunderschöne, mit seinen hellen Kalksteinfelsen weit in den Sankt-Lorenz-Golf hineinreichende **Parc national de Forillon** > S. 118 eröffnet Hikingmöglichkeiten der Extraklasse. Besonders schön sind die Wanderwege Sentier Mt-St-Alban, 8,5 km am Rand 200 m hoher Klippen zu einem Beobachtungsturm, und der 7,8 km lange Sentier Les Graves zum Cap Gaspé. Auch die Besteigung der höchsten Berge der Monts Chic Choc im **Parc national de la Gaspésie** > S. 117 wird mit Meeresblick vom Mt-Jacques Cartier und Mt-Albert auf den blauen St.-Lorenz-Golf belohnt.

Im **Gros Morne National Park** > S. 144 im Westen von Newfoundland erschließt der steinige Tablelands Trail (4 km) nahezu vegetationslose Mondlandschaften; auf dem Green Gardens Trail (9 km) wandert man über vulkanische Klippen und Wildblumenwiesen zu einer versteckten Bucht. Der zuletzt sehr steile Gros Morne Mountain Trail (14,4 km) führt auf den Gipfel des Gros Morne, mit tollem Panorama.

Morgenstimmung am Cap Bon Ami
im Parc national de Forillon

Québec ist Kanada auf Französisch. Da erfreuen das polyglotte Montréal mit gallischer »joie de vivre«, Québec City mit ummauerter Altstadt sowie die Naturschätze in den »parcs nationaux« am St.-Lorenz-Strom.

»Bienvenue au Québec« grüßen blaue Schilder – willkommen in Kanadas größter und einziger offiziell französischsprachiger Provinz! Ihre Reise durch Québec führt zunächst durch eine traditionsreiche Kulturlandschaft. Zwischen Montréal, der zweitgrößten Stadt Kanadas, und der alten Hauptstadt Québec säumen hübsche historische Dörfer den Strom, mit unverhältnismäßig großen Kirchen und Presbyterien, die an die einst beispiellose Macht der katholischen Kirche erinnern. Québec selbst ist die einzige von einer Stadtmauer umgebene Stadt nördlich von Mexiko, und auch innerhalb der Mauern sieht es eher nach Alter als nach Neuer Welt aus. Doch selbst hier ist Kanada niemals weit. Denn als die französische Version, die *Great Outdoors* nunmehr *Le Plein Air* nennt, ist auch die nur im äußersten Süden besiedelte Mega-Provinz ein Abenteuerland mit Elchen, Bibern und Bären. Und wo die Ufer des St.-Lorenz-Stroms zu sturmumtosten Küsten werden, gesellen sich Leuchttürme, Wale und Seevögelkolonien hinzu.

TOUREN IN DER REGION

TOUR 4

KANADA À LA CARTE

ROUTE: Montréal > Trois-Rivières > P. n. de la Mauricie > Ville de Québec > Les Chutes Montmorency > Baie-Saint-Paul > P. n. des Grands-Jardins > La Malbaie > P. n. des Hautes-Gorges > Point-au-Pic > Tadoussac > Rivière-du-Loup > Îles Les Pèlerins > Montmagny > Grosse-Île > Montréal

KARTE: Seite 98

LÄNGE: 10 Tage/1260 km

PRAKTISCHE HINWEISE:

- In der Hochsaison sollte die mehrmals täglich zwischen St-Siméon und Rivière-du-Loup verkehrende Autofähre frühzeitig gebucht werden (Tel. 418-862-5094, www.traverserdl.com). Während der 65-minütigen Überfahrt werden oft Wale gesichtet.
- Auch die Trips auf die Grosse-Île und die Îles Pèlerins reservieren Sie besser rechtzeitig vorab.

TOUR-START:

Spannende Geschichte, idyllische Kulturlandschaften und raue Wildnis beiderseits des Stroms: Diese Tour präsentiert Ihnen die Highlights der Provinz Québec.

Von **Montréal** 1 › S. 100 aus folgen Sie der Autoroute 40 durch zunächst sanftes, den Blick auf den Strom verdeckendes Flachland nach **Trois-Rivières** › S. 108. Die im Jahre 1634 gegründete und damit zweitälteste Stadt Québecs ist Ausgangspunkt für Touren in den 50 km nördlich liegenden **Parc national de la Mauricie** 2 › S. 108. Planen Sie einen langen Tag für diesen Abstecher ein, so verbessern sich Ihre Chancen, abends im Park einen Elch vor die Kamera zu bekommen.

Danach führt die Reise nach **Québec-Stadt** 3 › S. 108 weiter, allerdings nicht auf der langweiligen Autoroute 40, sondern auf der fotogenen, Québecs älteste Dörfer verbindenden Uferstraße 138. Die historische Hauptstadt der Provinz begrüßt Sie zunächst mit austauschbaren Shopping Malls, dann aber mit der berühmten, von einer Stadtmauer geschützten Altstadt.

Am nächsten Tag geht es auf der Route 138 am Nordufer des St.-Lorenz-Stroms weiter. Der fotogenste Zwischenstopp ist 12 km hinter Québec-Stadt der **Parc de la Chute-Montmorency**, wo das Wasser des Rivière Montmorency über die an dieser Stelle 83 m hohe Abbruchkante des Kanadischen Schilds donnert. Eine Hängebrücke, die zu Fuß oder per Gondel erreichbar ist, und eine atemberaubende Zipline eröffnen spektakuläre Blicke über den Wasserfall, auf den St.-Lorenz-Strom und die Île d'Orléans (www.sepaq.com/ct/pcm).

Wenig später arbeitet sich die Straße in das nunmehr zu mehreren Hundert Meter hohen Bergen aufgestülpte Littoral. Das Zentrum der Region **Charlevoix** › S. 113 ist das kunstsinnige Städtchen **Baie-Saint-Paul** 5. Ein kurzer Abstecher führt Sie von hier aus landeinwärts in den wildromantischen **Parc national des Grands-Jardins** 7. Nächste Station auf der Route 138 sind das fotogene **La Malbaie** 6 und das traditionsreiche Resortstädtchen **Point-au-Pic.** Angesichts der herrlichen Ausblicke fordert die Strecke Autofahrern erhöhte Konzentration ab. Etwas landeinwärts wartet der **Parc national des Hautes-Gorges** 8 mit den höchsten Felsenwänden östlich der Rockies auf Sie.

End- und dramatischer Höhepunkt Ihrer Tour entlang der Nordküste ist **Tadoussac** 13 › S. 115. Sie erreichen den populären Walbeobachtungsort, indem Sie mit der Fähre über den hier in den St.-Lorenz-Strom mündenden Saguenay-Fjord setzen. Dabei eröffnet sich Ihnen ein atemberaubender Blick weit in den von mehrere Hundert Meter hohen Steilwänden eingerahmten Fjord hinein.

Maritim bleibt es auch die nächsten Tage. In **St-Siméon** nehmen Sie die Autofähre nach **Rivière-du-Loup** 12 › S. 114 an der Südküste. Gönnen Sie sich hier einen Ausflug in die unversehrte Inselwelt der **Îles Pèlerins** 11 › S. 114, bevor Sie auf der Küstenstraße Route 132 die Rückreise antreten. Viele hübsche Stopover säumen hier Ihren Weg, einen dürfen Sie nicht versäumen: **Grosse-Île** 9 > S. 114, die einstige Quarantäneinsel Kanadas und Schauplatz vieler menschlicher Tragödien. Zurück nach **Montréal** 1 geht es dann auf der Autoroute 20.

TOUR 5

VON DEN UFERN ZU DEN KÜSTEN

ROUTE: Montréal > Ville de Québec > Tadoussac > Baie-Comeau > Vallée de la Manicouagan > Baie-Comeau (Fähre) > Matane > Ste-Anne-des-Monts > P. n. de la Gaspésie > La Martre > Mont-St.-Pierre > Rivière-au-Renard > P. n. de Forillon > Gaspé > Percé > Paspébiac > Bonaventure > New Richmond > Pointe-à-la-Croix > Vallée Matapédia > Matane > Rimouski > P. n. du Bic > Trois-Pistoles > Rivière-du-Loup > Îles Les Pèlerins > Montmagny > Grosse-Île > Montréal

KARTE: Seite 98
LÄNGE: 14–18 Tage/2600 km
PRAKTISCHE HINWEISE:

- Die Autofähre von Baie-Comeau nach Matane (Überfahrt 2.20 Std.) sollte ein paar Tage vorher reserviert werden (Tel. 418-562-2500, 1-877-562-6560, www.traversiers.com). Das gleiche gilt für den Inseltrip auf die Grosse-Île.
- In der Hochsaison wird es in den Städtchen Percé, Ste-Anne-des-Monts und rund um den Parc national de Forillon schnell eng. Reservieren Sie auch hier rechtzeitig.

TOUR-START:
Diese Tour folgt dem St.-Lorenz-Strom bis zum Golf und umrundet dann die menschenleere Gaspé-Halbinsel. Im ersten Teilstück folgen Sie dem Verlauf der Tour 4 von **Montréal** 1 > S. 100 bis nach **Tadoussac** 13 > S. 115. Danach werden die Distanzen zwischen den Siedlungen entlang der Route 138 zunehmend größer. Bald hinter Tadoussac, an den Klippen in **Les Bergeronnes,** sollte man anhalten und nach Walen Ausschau halten.

Im sonst recht nüchternen Baie-Comeau bietet sich die Gelegenheit zu einem 200 km langen Abstecher auf der Route 389 durch die menschenleere Wildnis ins **Vallée de la Manicouagan** zum gigantischen Wasserkraftwerk **Manic-5,** wo im Rahmen von Führungen die tief im Fels versenkten Turbinen besichtigt werden können (Ende Juni–Anf. Sept. tgl. 9, 11.30, 13.30, 15.30 Uhr, Dauer 1,5 Std., gratis). Nach einer Übernachtung in Baie-Comeau – z. B. im Hôtel-Motel La Caravelle (202 blvd. Lasalle, Tel. 418-296-4986, 1-800-463-4986, www.hotelcaravelle.ca; €–€€) – setzen Sie anderntags mit der Fähre nach **Matane** 15 > S. 117 über, dem Start und Ziel Ihrer gut 800 km langen

Rundfahrt auf der Route 132 um die raue **Gaspé-Halbinsel.** Diese im Binnenland menschenleere Halbinsel zeigt an ihrer Nordseite mit dem **Parc national de la Gaspésie** 16 › S. 117 in den wilden Chic-Choc-Bergen und dem spektakulären **Parc national de Forillon** 18 › S. 118 ihre Schokoladenseiten. Optische Höhepunkte dazwischen sind der historische rote Leuchtturm von **La Martre** (mit Museum, Juni–Sept. tgl. 9–17 Uhr) und der winzige Fischerhafen **Mont-Saint-Pierre,** der in einer kleinen, von über 400 m hohen Felswänden umgebenen Bucht liegt. Von mehreren Rampen stürzen sich hier Drachenflieger in die Tiefe und machen den kleinen Ort in den Sommermonaten zum Glider-Mekka Ostkanadas.

Das wunderschön liegende **Percé** 19 › S. 118 markiert den östlichsten Punkt dieser Reise, danach geht es entlang der eher ländlich geprägten Südküste mit ihren historischen Sehenswürdigkeiten zurück. Am Ende der **Baie des Chaleurs** › S. 120 strebt die Route 132 durch das Tal des Rivière Matapédia, der bei Lachsfischern einen hervorragenden Ruf hat, zurück zum St.-Lo-

TOUREN IN QUÉBEC

TOUR 4

KANADA À LA CARTE

Montréal › Trois-Rivières › P. n. de la Mauricie › Ville de Québec › Les Chutes Montmorency › Baie-Saint-Paul › P. n. des Grands-Jardins › La Malbaie › P. n. des Hautes-Gorges › Point-au-Pic › Tadoussac › Rivière-du-Loup › Îles Les Pèlerins › Montmagny › Grosse-Île › Montréal

TOUR 5

VON DEN UFERN ZU DEN KÜSTEN

Montréal › Ville de Québec › Tadoussac › Baie-Comeau › Vallée de la Manicouagan › Baie-Comeau (Fähre) › Matane › Ste-Anne-des-Monts › P. n. de la Gaspésie › La Martre › Mont-St.-Pierre › Rivière-au-Renard › P. n. de Forillon › Gaspé › Percé › Paspébiac › Bonaventure › New Richmond › Pointe-à-la-Croix › Vallée Matapédia › Matane › Rimouski › P. n. du Bic › Trois-Pistoles › Rivière-du-Loup › Îles Les Pèlerins › Montmagny › Grosse-Île › Montréal

renz-Strom. Auf dem Weg pasiert man in **Rimouski** › S. 116 die Gedenkstätte am Pointe-au-Père, dem wohl einzigen im Art-déco-Stil erbauten Leuchtturm in der Neuen Welt (1034 rue du Phare; Juni–Okt. tgl. 9–18 Uhr, 4 $). Einen Stopover lohnen zudem der wunderschöne **Parc national du Bic** 14 › S. 116 sowie **Trois-Pistoles**. Vor dem Städtchen liegt die verlassene **Île-aux-Basques,** wo Relikte baskischer Walfänger aus dem 16./17. Jh. zu sehen sind, u. a. Steinwälle, in denen die riesigen Kessel einst standen (Führungen der Société Provancher vom Pier nach Vereinb.; Tel. 418-554-8636, www.provancher.qc.ca).

Entsprechend Tour 4 bieten sich dann **Rivière-du-Loup** 12 und die **Îles Pèlerins** 11 › S. 114 sowie **Grosse-Île** 9 › S. 114 als Besichtigungsstopps an, bevor man auf der Autoroute 20 **Montréal** erreicht.

WICHTIGE ADRESSE

www.quebecoriginal.com:
Website von Tourisme Québec, mit nützlichen Infos zur Reiseplanung, Interessantem über die Provinz sowie Links zu den regionalen Tourismusverbänden (auf Französisch und Englisch).

UNTERWEGS IN QUÉBEC

MONTRÉAL 1 ★ E4

Katholisch die Kirchturmspitzen, viktorianisch die Häusergiebel, nordamerikanisch die Bürotürme und Werbeflächen: Montréal erträgt die von der Geschichte fabrizierten Gegensätze mit Gelassenheit. Die 4,1-Mio.-Metropole am St.-Lorenz-Strom ist die zweitgrößte französischsprachige Stadt der Welt, aber ihre Einwohner parlieren auch in Englisch und weiteren 80 Sprachen. Gleichwohl schlägt das gallische Erbe immer wieder durch, vor allem im temperamentvollen Straßenverkehr sowie in den zahllosen Cafés, Bistros und Restaurants.

1642 gründeten französische Pioniere zu Füßen des Mont Royal eine Siedlung namens »Ville-Marie«, bald das wichtigste Pelzhandelszentrum des Kontinents. 1760 mussten die Franzosen Montréal den Briten überlassen. Englische und schottische Unternehmer machten die Stadt zum Finanzzentrum, Englisch wurde Geschäftssprache, und man richtete sich in eigenen Stadtteilen ein, die »Anglos« im Westen, die »Frankos« im Osten. Erst während der Separationskrise musste Montréal seine wirtschaftliche Spitzenposition an Toronto abtreten. Heute haben sich die Sprachgrenzen verwischt, und die alten Unterschiede produzieren keine Gräben mehr, sondern erzeugen eine kreative Spannung, die neue Identitäten entstehen lässt.

ZUR ORIENTIERUNG

Montréal liegt auf einer bumerangförmigen Insel im St.-Lorenz-Strom. Die touristisch interessanten Stadtteile sind leicht zu Fuß oder mit der Metro zu erreichen.

Hauptattraktion ist **Vieux-Montréal,** die kompakte Altstadt am Strom. Dahinter türmt sich bis zum Fuße des Mont Royal das moderne **Centre-Ville** auf, die eigentlich aus mehreren (gefühlten) Zentren bestehende Innenstadt. Nicht minder belebt ist der von Vieux Montréal aus quer durch die Insel strebende **Boulevard St-Laurent,** an den mehrere ethnische Viertel grenzen. Das **Olympiastadion** mit seinem markanten schiefen Turm liegt im Osten der Stadt. Montréals Wahrzeichen und Namensgeber ist der **Mont Royal,** der das Häusermeer überragende Hausberg (www.lemontroyal.qc.ca). Von der Terrasse des Château-Belvedere bietet sich ein herrlicher Blick über Centre-Ville und St.-Lorenz-Strom zu den Hügeln der Montéregiennes.

VIEUX-MONTRÉAL ★ 6

Der historische Stadtkern zwischen Rue McGill und Rue Berri steht im deutlichen Kontrast zur dahinter aufragenden modernen City, besonders dramatisch am alten Exerzierplatz **Place d'Armes** A. Die Statue des Stadtgründers Paul de Maisonneuve blickt von hier auf die **Basilique Notre-Dame** B. Die prächtige, 1829 eingeweihte neogotische

Das Riesenrad La Grande Roue überragt seit 2017 den Vieux-Port de Montréal

Kathedrale gilt mit ihrem opulent ausgestatteten Inneren als einer der schönsten Kirchenbauten Nordamerikas (www.basiliquenddm.org; 6 $). › mehr S. 16 Punkt 29

Die nahe, 1657 angelegte **Place Royale** C, ist Montréals ältester öffentlicher Platz. Darunter wurden Reste der ersten Siedlung, Ville-Marie, freigelegt, Zugang hat man über das **Musée d'archéologie et d'histoire Pointe-à-Callière**. Das ausgezeichnet gestaltete Archäologische Museum bereitet mit einer Multimedia-Präsentation zur Stadtgeschichte auf den Abstieg in Montréals Geburtsstätte vor (www.pacmusee.qc.ca; Di–Fr 10–17, Sa/So 11–17 Uhr, Ende Juni–Anf. Sept. auch Mo und bis 18 Uhr, 22 $).

Geselliger Mittelpunkt der Altstadt ist die **Place Jacques-Cartier** D, wo in den angrenzenden französischen und britischen Kolonialbauten Restaurants und Bistros auf Gäste warten. Am Südrand des Platzes laden die begrünten, von Souvenirständen und Attraktionen wie Ziplines, Gourmettheken und einem 60 m hohen Riesenrad gesäumten Promenaden des **Vieux-Port** E zum Flanieren ein. Von den Piers aus starten Bootstouren, z. B. romantische Dinnerfahrten mit dem »Bateau Mouche« (Pier Jacques-Cartier, Tel. 514-849-9952, www.bateaumouche.ca; Reservierung nötig) oder rasante Jetboat-Touren durch die Stromschnellen südlich bei Lachine (Saute Moutons, Quai de l'Horloge, Tel. 514-284-9607, www.jetboating.com).

Auf dem Balkon des viktorianischen **Hôtel de Ville** F an der Nordseite der Place Jacques-Cartier hielt der damalige französische Präsident Charles de Gaulle anno 1967 seine berühmt-berüchtigte Rede »Vive le-Québec libre«, die einen Eklat verursachte.

Dank ihrer silbernen Kuppel weithin sichtbar ist die 1847 eröffnete alte Markthalle **Marché Bonsécours** G, die heute mit zahlreichen Galerien, Boutiquen und Restaurants aufwartet (www.marchebonsecours.qc.ca). Nur ein paar Schritte auf dem Kopfsteinpflaster weiter steht die **Chapelle Notre-Dame-de-Bonsécours,** die Seefahrerkirche von 1771. Die Aussicht vom Kirchendach auf den Vieux-Port lohnt den mühevollen Aufstieg über die steile Treppe.

A Place d'Armes
B Basilique Notre-Dame
C Place Royale
D Place Jacques-Cartier
E Vieux-Port
F Hôtel de Ville
G Marché Bonsécours
H Square Dorchester

Karte S. 102

CENTRE-VILLE

Am **Square Dorchester** (H) brachte sich 1894 der frankophone katholische Klerus in dem damals noch englisch-protestantischen Distrikt in Stellung: Die **Cathédrale Marie-Reine-du-Monde** an der Südseite des Platzes ist unverkennbar dem Petersdom nachempfunden. Das anglophone Establishment konterte 1918 mit dem mächtigen Versicherungsgebäude **Edifice Sun Life,** dem mit 122 m lange höchsten Bauwerk im Commonwealth.

- (I) Cathédrale Christ Church
- (J) Hôtel Ritz-Carlton
- (K) Université McGill
- (L) Musée des beaux-arts
- (M) Musée Mc Cord d'histoire canadienne
- (N) Chinatown
- (O) Quartier Juif

Die **Rue Ste-Cathérine** lädt zum Shopping in Kaufhäusern und Malls ein, auch unterirdisch in der **Ville souterraine** › S. 108. An der Oberfläche ist die sich im getönten Glas eines postmodernen Wolkenkratzers spiegelnde **Cathédrale Christ Church** **I** ein beliebtes Fotomotiv. Im Sommer, während des **Internationalen Jazzfestivals** (Anf. Juli; www.montrealjazzfest.com), verwandelt sich die dann verkehrsfreie Rue Ste-Cathérine als Teil des 30 Konzerthallen umfassenden **Quartier des Spectacles** (www.quartierdesspectacles.com) rund um die **Place des Arts** in eine einzige große Freilichtbühne. › mehr S. 12 Punkt 4

Zwei Blocks weiter nördlich verläuft die **Rue Sherbrooke,** die im 19. Jh. Montréal als sogenannten »Golden Square Mile« durchquerte: Die hier ansässigen Unternehmer kontrollierten damals drei Viertel des Volksvermögens. Noch immer warten vor dem **Hôtel Ritz-Carlton** **J** livrierte Diener, auf dem Campus der altehrwürdigen **Université McGill** **K** wird Rugby gespielt, und in den Haute-Couture-Läden regiert das Geld aus Westmount, dem Refugium der anglophonen Oberschicht.

Zum Ambiente passt auch das **Musée des beaux-arts** **L**. Dieses Kunstmuseum mit den dorischen Säulen und modernem Neubau gegenüber zeigt eine der besten Sammlungen Kanadas, u.a. eine große von frankokanadischen Automatistes › S. 48 (1380 rue Sherbrooke Ouest, www.mbam.qc.ca; Di, Do–So 10–17, Mi 10–21 Uhr, 13–30 J. 15 $, über 30 J. 23 $). Der gut bestückte Museumsshop verkauft extravaganten Schmuck von Québecer Designern.

Über die gesellschaftlich-ethnische und kulturelle Entwicklung Montréals informiern anschaulich die Ausstellungen des **Musée McCord** **M** (690 rue Sherbrooke Ouest, www.musee-mccord.qc.ca; Mo/Di, Do–Fr 10–18, Mi 10–21, Sa/So 10–17 Uhr, 19 $).

BOULEVARD SAINT-LAURENT

Der Boulevard Saint-Laurent ist die Straße der Einwanderer und noch so quirlig-multikulturell wie zu seinen besten Zeiten. Wer ihm mit offenen Augen folgt, begibt sich auf ihre Spuren. Man passiert **Chinatown** **N**, das frühere Judenviertel **Quartier Juif** **O** mit dem legendären Restaurant »Schwartz's Hebrew Delicatessen« › S. 107, das **Quartier Portugais** und das **Quartier Grec.**

Jenseits der Avenue Saint-Viateur empfiehlt sich ein Abstecher nach **Outremont,** dem frankophonen Gegenstück zu Westmount. Hier kann man in einem der angenehmen Straßencafés rund um die Rue St. Bernard die Beine strecken und die anderen vorbeiflanieren lassen.

PARC OLYMPIQUE

Aus dem Häusermeer in Osten der Stadt ragt ein weißer »Zeigefinger« kühn empor: Die 165 m hohe und um 45° geneigte **Tour de Montréal** trägt das Dach des futuristischen **Olympiastadions** von 1976 (Métro: Pie-IX, www.parcolympique.qc.ca;

Am Olympiastadion mit dem schrägen Turm wähnt man sich in einem Science-Fiction-Film

Aussichtskanzel auf dem Turm Di bis So 9–17 Uhr, 23,25 $).

Nebenan wurde aus dem früheren Radrennstadion ein interessantes Umweltmuseum: Im **Biôdome de Montréal** kann man in vier angelegten Ökosystemen vom Regenwald bis zum Eismeer deren typische Fauna und Flora erleben (Wiedereröffnung nach Renovierung vorauss. Ende Sommer 2019).

Der **Jardin Botanique** zählt mit rund 22 000 Pflanzenarten in 10 Treibhäusern und 30 Themengärten zu den größten botanischen Gärten der Welt (Di–So 9–17, Sommer bis 18 Uhr).

INFO

Tourisme Montréal/Centre Infotouriste
Ausgezeichnetes Infozentrum, auch Touristinfo der Provinz Québec; guter Service. Mai–Okt tgl. 9–18, sonst 9–17 Uhr.
• 1255 rue Peel | Centre-Ville
Tel. 514-873-2015 | 1-877-266-5687
www.tourisme-montreal.org

VERKEHR

- **Flughafen:** Pierre Elliott Trudeau International, 20 km westl. vom Zentrum. Flugauskunft: Tel. 514-394-7377, 1-800-465-1213, www.admtl.com. Shuttleservice L'Aérobus in ca. 45 Min. nach Downtown.
- **Bahnhof:** Gare de Montréal, 895 rue de la Gauchetière (Place Ville-Marie), Tel. 514-989-2626, www.viarail.ca.
- **Busbahnhof:** Gare d'Autocars de Montréal, 505 bd. de Maisonneuve Est, Tel. 514-842-2281, www.stationcentrale.com. Station von Voyageur und Orléans Express.
- **Stadtverkehr:** Métro und Busse der Verkehrsgesellschaft STM (www.stm.info). Mit der Carte musées Montréal kann man 3 Tage alle Bus- und Métrolinien benutzen und hat Eintritt zu 46 Museen (80 $; erhältl. im Centre Infotouriste, www.museesmontreal.org).

MÄRKTE FÜR ALLE SINNE

- **St. Lawrence Market**, Toronto: Über 120 Markstände auf zwei Etagen bieten frisches Obst und Gemüse, Fisch und Fleisch aus der Umgebung. Laut, bunt, sympathisch. > S. 59
- **Kensington Market**, Toronto: (Gefühlte) Lichtjahre von Toronto entfernt, garantiert dieses windschiefe multikulturelle Marktviertel kurzweiliges Shopping an Straßenständen und alternativ angehauchten Läden mit kunterbuntem Sortiment. > S. 62
- **Byward Market,** Ottawa: Er zählt zu Kanadas ältesten Wochenmärkten und bietet von Gemüse- und Käseständen bis zu Gourmettheken und Kunsthandwerk alles, was schmeckt und Spaß macht. > S. 81
- **Farmers' Market,** St. Jacobs: Eröffnet die beste Gelegenheit nicht nur für leckeres Hausgemachtes, sondern auch zum Schwätzchen mit Amischen und Altmennoniten. > S. 88
- **Marché Jean-Talon,** Montréal: Der größte Wochenmarkt der Stadt findet in der und rund um die Markthalle in Pétite-Italie statt. Er ist ein vielsprachiger Mikrokosmos, in dem an über 300 Ständen alles an Produkten feilgeboten wird, was das Umland hergibt (7070, ave. Heni-Julien, Mo–Mi, Sa–So 7–18, Do–Fr bis 20 Uhr). > mehr S. 17 Punkt 34

HOTELS

Hôtel Le Reine Elizabeth €€€
Exklusive Fairmont-Nobelherberge mit über 1000 eleganten Zimmern.
- 900 bd. René-Lévèsque Ouest
Tel. 514-861-3511 | 1-866-540-4483
www.fairmont.com/queenelizabeth

Hôtel Nelligan €€€
Elegantes Altstadthotel, kombiniert modernes Design und historisches Gemäuer; mit Gourmetrestaurant.
- 106 rue St-Paul Ouest
Tel. 514-788-2040
www.hotelnelligan.com

Château Versailles €€–€€€
Luxuriöses Boutique-Hotel, im Zeitgeist designte Zimmer.
- 1659 rue Sherbrooke Ouest
Tel. 514-933-3611 | 1-888-933-8111
www.chateauversaillesmontreal.com

Épik €€–€€€
Elegantes Boutiquehotel mit 10 Zimmern in historischem Gemäuer. Restaurant mit italienisch inspirierter Küche.
- 171 rue St-Paul Ouest
Tel. 514-842-2634 | 1-877-841-2634
www.epikmontreal.com

W Montréal €€–€€€
Luxuriöses Boutique-Hotel mit elegant-minimalistischem Interieuer.
- 901 rue Square-Victoria
Tel. 514-395-3100
www.wmontrealhotel.com

Anne ma soeur Anne €–€€
Durchgestyltes B&B im In-Künstlerviertel Plateau Mont-Royal, 15 kompakte, modern-sachlich eingerichtete Zimmer mit Kochgelegenheit.

• 4119 rue St-Denis
Tel. 514-281-3187 | 1-877-281-3187
www.annemasoeuranne.com

Best Western Downtown Montréal – Hôtel Europa €–€€
Gute Basis für Stadttouren in Centre-Ville, mit überraschend heimeligen Zimmern.
• 1240 rue Drummond
Tel. 514-866-6492 | 1-800-780-7234
www.hoteleuropa.com

À L'Adresse du Centre-Ville
Ausgesprochen sympathisches B & B im Quartier Latin mit 5 stilsicher eingerichteten Zimmern.
• 1673 rue St-Christophe
Tel. 514-528-9516 | 1-866-528-9516
www.aladresseducentreville.com

RESTAURANTS

Die besten Restaurants liegen in der Altstadt, an der Rue St-Denis, am Bd. St-Laurent und an der Av. Mont-Royal.

Toqué! €€€
Aus feinsten Zutaten und mit Liebe zum Detail zubereitet serviert das etablierte Gourmetrestaurant Spitzenküche.
• Place Jean-Paul-Riopelle
Tel. 514-499-2084

L'Express €€
Feines französisches Bistro-Restaurant, beliebter Künstler- und Journalistentreff.
• 3927 rue St-Denis | Tel 514-845-5333

Lattuca BBQ €€
Toller Service, nette Atmosphäre und die wohl besten Ribs der Stadt! Was will man mehr nach dem Altstadtbummel?
• 15 rue de la Commune
Tel. 514-246-1680

Schwartz's Hebrew Delicatessen €€
Seit 1928 Montréals beste Adresse für Rauchfleisch, hergestellt nach Originalrezepten. › **mehr S. 14 Punkt 14**
• 3895 bd. St-Laurent | Tel. 514-842-4813

Burger Bar Crescent €–€€
Von Hotels empfohlen, von den Gästen geliebt: Die populärsten Burger der Stadt heißen »The Boss« und »Firestorm«.
• 1465 rue Crescent | Tel. 514-903-5575

Le Grand Comptoir €–€€
Traditionelle französische Küche zu erstaunlich günstigem Preis.
• 1255 Carré-Phillip | Tel. 514-393-3295

Beautys €
Immer voll – der beliebteste Diner der Stadt mit üppigen Frühstücksgerichten.
• 93 av. Mont-Royal Ouest
Tel. 514-849-8883

Binerie Mont-Royal €
Der Diner aus den 1940er-Jahren ist die letzte Bastion der traditionellen *cuisine québécoise* in Montréal.
• 367 av. Mont-Royal | Tel. 514-285-9078

NIGHTLIFE

Umfassende Veranstaltungstipps findet man in den Stadtmagazinen **Voir** (www.voir.ca) und **MTL Blog** (www.mtlblog.com).

Im Kulturzentrum **Place des Arts** sind die Montréaler Symphoniker, die Opéra de Montréal und Les Grands Ballets Canadiens zu Hause (rue Ste-Cathérine/Jeanne-Mance, Spielpläne unter www.placedesarts.com, Tickets auch unter Tel. 514-842-2112).

Die beste Livemusik-Atmosphäre und abwechslungsreiches Programm bieten

Karte S. 102

mittelgroße Klubs wie der **Club Soda** (1225 bd. St-Laurent, Tel. 514-286-1010, www.clubsoda.ca) und das **MTELUS** (59 rue Ste-Cathérine E., Tel. 514-844-3500, www.mtelus.com).

Bar Bifteck

Grunge in charmant-verlebter Atmosphäre, spontane Jam Sessions.

- 3702 bd. St-Laurent | Tel. 514-844-6211

Casa del Popolo

Bar-Restaurant (gute Tapas!) mit schummriger Konzertbühne. Meist angesagte Indie-Gruppen aus ganz Nordamerika.

- 4873 bd. St-Laurent | Tel. 514-284-0122
  www.casadelpopolo.com

Les Deux Pierrots

Tolle Stimmung – hier hört man u. a. noch alte Québecer Chansons.

- 104 rue St-Paul Ouest
  Tel. 514-861-1270 | www.2pierrots.com

SHOPPING

In der **Rue Ste-Cathérine** konzentrieren sich zwischen Rue St. Antoine und Rue de la Montagne die großen kanadischen Kaufhäuser Ogilvy und La Baie, Konsumtempel wie Place Montréal Trust, Simons, Cours Montréal, Centre Eaton und Les Ailes de la Mode. Unterirdisch geht es weiter in der **Ville souterraine,** einem Labyrinth aus 30 km Passagen und Plätzen mit über 1700 Geschäften (www.montrealsouterrain.ca).

PARC NATIONAL DE LA MAURICIE 2 ★ E4

Selbst im St.-Lorenz-Tiefland, dem ältesten Kulturland Nordamerikas, ist die Wildnis nie weit. Zwischen Montréal und Ville de Québec beginnt keine 50 km nördlich der Autoroute 40 der Parc national de la Mauricie, erreichbar über die Stadt **Trois-Rivières** (115 000 Einw.).

Der 536 km² große Nationalpark ist ein Stück Bilderbuch-Kanada: welliges, dichtes Waldland, aus dem die Granitkuppen des Kanadischen Schilds hervorragen, und über 150 tiefblaue Seen, von der letzten Eiszeit in ihr Felsenbett gestanzt. Eine 60 km lange Aussichtsstraße erschließt einen Teil des Parks, Kanuverleih und Campingplätze gibt es an den Seen wie dem **Lac Wapizagonke.** Im Park können Hütten gemietet werden, in **Saint-Jean-des-Piles** nahe dem Parkeingang empfiehlt sich die nette Herberge Aux Berges du Saint-Maurice für Selbstversorger (2369 rue Principale, , Tel. 819-538-2112, 1-800-660-2112, www.cdit.qc.ca/absm; €–€€).

VILLE DE QUÉBEC 3 [F4

Québec-Stadt (806 000 Einw.) ist die Wiege Französisch-Nordamerikas und die Keimzelle Kanadas. 1608 errichtete Samuel de Champlain an der Stelle, die von den Algonquin-Indianern *kebec* (»wo der Fluss enger wird«) genannt wurde, ein hölzernes Fort namens »Habitation de Québec«. Wer es besaß, kontrollierte den Pelzhandel in Nordamerika, was Großbritannien auf den Plan rief. Nach mehreren Versuchen konnte General Wolfe schließlich die Hauptstadt Neufrankreichs 1759 erobern, die sich in der Folgezeit zum Schiffbau- und

Das Fairmount Chateau Frontenac in Vieux-Québec ist von allen Seiten fotogen

Holzumschlagzentrum entwickelte. Heute ist Québec Hauptstadt der gleichnamigen Provinz. Für die Québécois ist sie aber viel mehr, nämlich das Bollwerk einer in den letzten 250 Jahren mehr als einmal bedrohten Sprache und Kultur.

VIEUX-QUÉBEC 7

Die Briten sorgten für die imposanten Befestigungsanlagen: mächtige Stadttore und eine trutzige Zitadelle hoch über dem St.-Lorenz-Strom. Seither hat sich in der mittelalterlich-europäisch anmutenden Altstadt nicht viel verändert, seit 1985 ist sie UNESCO-Weltkulturerbe. Vieux-Québec teilt sich in die **Oberstadt** (Haute-Ville) und die **Unterstadt** (Basse-Ville). In den unamerikanisch gekrümmten Straßen konzentriert sich so viel Geschichte auf engstem Raum, dass ein ganzer Tag zur Besichtigung gerade reicht.

HAUTE-VILLE

Manch einer bleibt schon in der Oberstadt hängen: Die Aussicht von der historischen **Terrasse Dufferin** über die verwinkelte Unterstadt auf den Fluss, hinüber zu Québecs Schwesterstadt Lévi und zur stromabwärts liegenden Île d'Orléans › S. 112 ist herrlich. An der Terrasse liegt das majestätische **Château Frontenac**, das schlossähnliche Luxushotel und fotogene Wahrzeichen der Stadt mit seinen Türmen und Erkern. › mehr S. 16 Punkt 30

An der daran angrenzenden Place d'Armes erhalten Besucher des **Musée du Fort** Nachhilfe in Geschichte. Mehrmals täglich sterben auf einem Landschaftsmodell die Verteidiger Québecs von 1759 den »Heldentod« (www.museedufort.com; April–Okt. tgl. 10–17, Nov. bis März Do–So 11–16 Uhr, 8,50 $). Nahebei setzten die Sieger den Be-

Sommerliches Straßenleben in der Unterstadt am Boulevard Champlain

siegten die 1804 geweihte **Holy Trinity Anglican Cathedral** vor die Nase, eine Kopie von Saint Martin-in-the-Fields in London.

Barocke Heiterkeit strahlt die 1647 begonnene und 1922 nach Originalplänen restaurierte **Basilique Notre-Dame-de-Québec** aus. In der Krypta sind ca. 900 bedeutende Persönlichkeiten aus Québec beigesetzt, darunter Bischof François de Laval (1623–1708). Er hatte 1663 nebenan das **Séminaire de Québec,** Kanadas erste höhere Schule, gegründet, aus der später die Universität hervorging.

Wie sich die 1639 in Québec angekommenen Ursulinerinnen um die moralische Erziehung von Mädchen kümmerten, dokumentiert das **Musée des Ursulines** (12 rue Donnacona, www.museedesursulines.com; Mai–Sept. Di–So 10–17, Okt. bis April Di–So 13–17 Uhr, 9 $).

BASSE-VILLE

Die kleinen Leute lebten in der weitaus bescheideneren Unterstadt (Basse-Ville), die man von der Terrasse Dufferin aus mit der **Funiculaire** (Standseilbahnbahn, www.funiculaire.ca) erreicht. Endstation ist das Maison Louis-Jolliet, benannt nach dem Erforscher des Mississippi und Labradors. Direkt vor der Haustür liegt das romantische **Quartier Petit-Champlain:** Feldsteinhäuser mit dicken Mauern und kleinen Fenstern drängen sich aneinander, in den engen Fußgängergassen verkaufen kleine Schmuck- und Designerläden hochwertige Mitbringsel. Auf der mittelalterlichen **Place-Royale** begann mit der Habitation du Québec Kanadas Besiedlung.

Die **Église Notre-Dame-des-Victoires,** Nordamerikas älteste Steinkirche von 1688, erinnert an Siege über die Briten (Mai–Okt. tgl. 9.30–17, sonst 10–16 Uhr).

Mehr über die bewegte Vergangenheit und Gegenwart der Provinz Québec und auch seiner Ureinwohner erfährt man im **Musée de la civilisation** (85 rue Dalhousie, www.mcq.org; tgl. 9–18 Uhr, 18 bis 30 J. 11 $, ab 31 J. 17 $).

Durch das Stadttor Porte Saint-Louis verlässt man die Altstadt und wendet sich nach links der auf einer Anhöhe liegenden **Citadelle** zu. Die sternförmige, 1820–1832 erbaute Festung dient längst den Einheimischen als Picknickplatz und Aussichtspunkt. Im Sommer sind in der Zitadelle die farbenprächtigen Wachablösungen des 22nd Royal Regiment sehenswert (Mitte Juni bis Anfang Sept. tgl. um 10 Uhr).

Geht man nach dem Stadttor weiter geradeaus, trifft man auf die **Grande-Allée.** Ein Spitzenrestaurant folgt hier auf das andere, *cuisine française* dominiert die Speisekarten. Den Digestif kann man in den hier versammelten Bars und Nachtklubs einnehmen.

INFO

Office du tourisme de Québec

- 12 rue Sainte-Anne | Tel. 1-877-783-1608
  www.quebecregion.com

VERKEHR

- **Flughafen:** Aéroport international Jean Lesage, in Ste-Foy. Flugplanauskünfte unter Tel. 418-640-3300, www.aeroportdequebec.com.
- **Bahnhof:** Gare du Palais, 450 rue de la Gare-du-Palais. Fahrplanauskunft und Reservierungen bei VIA Rail, tgl. 8 bis 22 Uhr, Tel. 1-888-842-7245 oder unter www.viarail.ca.
- **Busbahnhof:** Vom Terminus d'autobus de gare du Palais (320 rue Abraham-Martin) bedient die Busgesellschaft Orléans Express Destinationen in ganz Québec und in benachbarten Provinzen. Info: Tel. 418-525-3000, www.orleansexpress.com.

HOTELS

Fairmont Le Château Frontenac €€€
Das auch als Fotomotiv weltberühmte denkmalgeschützte Edelhotel mutet wie ein Schloss an und paart nostalgische Pracht mit modernem Luxus, inklusive Fitnesscenter und Spa.

- 1 rue des Carrières
  Tel. 418-692-3861 | 1-866-540-4460
  www.fairmont.com/frontenac

Auberge du Trésor €€
21 romantische Zimmer hinter historischen Mauern. Preiswert, gegenüber dem Château Frontenac gelegen.

- 20 rue Ste-Anne
  Tel. 418-694-1876 | 1-800-566-1876
  www.aubergedutresor.com

Au Jardin du Gouverneur €–€€
Günstiges Hotel in historischem Gemäuer; viele Zimmer mit Blick auf Terrasse Dufferin und Fluss.

- 16 rue Mont-Carmel
  Tel. 418-692-1704 | 1-877-692-1704
  www.leshotelsduparc.com

Le 253 Couette et Café €
Drei große Zimmer mit schöner Küche für alle Gäste, vor den Toren der Altstadt.
• 253 rue de la Reine
Tel. 418-647-0590 | www.le253.com

RESTAURANTS

Le Buffet de l'Antiquaire €–€€
Sympathischer alter Diner zwischen Trend-Bistros. Unkompliziertes Fastfood, v. a. Pizza, Pasta, Fisch und Sandwiches.
• 95 rue St-Paul | Basse-Ville
Tel. 418-692-2661

Le Café du Monde €–€€
Das lebendige Bistro-Restaurant ist ein charmantes Fragment der alten Mutter Frankreich.
• 84 rue Dalhousie | Basse-Ville
Tel. 418-692-4455

Le Cochon Dingue €–€€
Eng, aber gemütlich und bekannt fürs gute Frühstück. Fastfood, Salate und leichte französische Gerichte.
• 46 bd. Champlain | Basse-Ville
Tel. 418-692-2013

Au Petit Coin Breton €
Bretonische Küche, von Kellnerinnen in traditionellen Trachten serviert.
• 1029 rue St-Jean | Haute-Ville
Tel. 418-694-0758

NIGHTLIFE

Die Ausgeh- und Flaniermeile von Québec-Stadt ist die **Grande-Allée.** Hier ein paar Empfehlungen aus dem vielfältigen Angebot:

Chez Dagobert
Abtanzen auf zwei Etagen, oft auch zu Livemusik. Junges Publikum.
• 600 Grande-Allée Est
Tel. 418-522-0393 | www.dagobert.ca

Le Jules & Jim
Nette Bar für den Absacker.
• 1060 av. Cartier | Tel. 418-524-9570

Les Yeux Bleus
Bekannte Liedermacher und Chansonniers geben hier ihre Stücke zum Besten.
• 1117 rue St-Jean | Tel. 418-694-9118

Saint-Alexandre Pub
Wer's mal britisch mag: typischer Pub mit über 250 Biersorten.
• 1087 rue St-Jean | Tel. 418-694-0015
www.pubstalexandre.com

SHOPPING

Kunsthandwerk und Antiquitäten kauft man in Basse-Ville in der **Rue St-Paul,** hochwertiges First-Nations-Kunsthandwerk im **Quartier Petit-Champlain.**

AUSFLUG: ÎLE D'ORLÉANS 4 F4

Gut von der Terrasse Dufferin › S. 109 aus zu sehen liegt stromabwärts die 34 km lange und bis zu 8 km breite Île d'Orléans. Die einzige Brücke Pont de l'Île führt vom Nordufer auf die Insel. Die sechs Dörfer der komplett unter Denkmalschutz stehenden Insel gehören zu den ältesten Siedlungen Nordamerikas. Die Route 368 führt rund um das Eiland durch ein ländliches Idyll mit Apfelplantagen, Erdbeer- und Kartoffelfeldern und immer wieder schönen alten Häusern aus der Zeit des »Ancien Régime«.

INFO

Tourisme Île d'Orléans
- 490 Côte du Pont | Saint-Pierre
  Tel. 418-828-9411 | 1-866-941-9411
  www.tourisme.iledorleans.com

CHARLEVOIX ★ F3

Das weitläufige Bergland des Charlevoix ist neben der Gaspé-Halbinsel › S. 117 die zweite Augenweide der Provinz: Die Kombination idyllischer Dörfer am Strom und rauer Wildnis im Innern lockt schon seit über 100 Jahren Touristen an.

Das Verwaltungszentrum des Charlevoix ist **Baie-Saint-Paul** 5, ein hübsches Städtchen am Rivière du Gouffre, mit guten Cafés und Restaurants, das auf eine lange Tradition als Künstlerkolonie zurückblickt. Zeitgenössische Künstler aus ganz Nordamerika zeigt das renommierte **Musée d'Art Contemporain** (23 rue Ambroise-Fafard, www.macbsp.com; Di–So 11–17 Uhr, 10 $).

Eine traditionsreiche Sommerfrische beim Städtchen **La Malbaie** 6 ist **Pointe-au-Pic,** mit Golfplatz hoch über dem Strom und dem schlossartigen **Fairmont Le Manoir Richelieu** – samt Kasino (www.fairmont.com/richelieu; €€€).

Baie St-Paul und La Malbaie sind Sprungbretter für Touren in zwei Nationalparks: Hauptattraktion des 310 km² großen **Parc national des Grands-Jardins** 7 weiter landeinwärts ist die südlichste Karibuherde Nordamerikas. Diese lebt auf einer kleinen Insel mit subarktischer Flora oberhalb der Baumgrenze. Für die Trails im 225 km² großen **Parc national des Hautes-Gorges** 8 benötigt man eine gute Kondition. Tiefe Täler und windgepeitschte Hochplateaus prägen das Terrain, hinzu kommen bis zu 800 m hohe Felswände.

INFO

Parc national des Hautes-Gorges
Auch für den Parc national des Grands-Jardins zuständig.
- 25 bd. Notre-Dame | Clermont
  Tel. 418-439-1227 | www.sepaq.com

HOTELS

Auberge des Falaises €€–€€€
Hübsches Hotel hoch über La Malbaie, romantische Zimmer mit Blick auf den Strom.
- 250 chemin des Falaises |Pointe-au-Pic
  Tel. 418-665-3731 | 1-800-386-3731
  www.aubergedesfalaises.com

Hôtel La Roche Pleureuse €€
Rustikal-gemütliches Inselhotel; schöner Garten, einfache *cuisine québécoise.*
- 2901 chemin des Coudriers
  Île-aux-Coudres
  Tel. 418-438-2734 | 1-800-463-6855
  www.rochepleureuse.com

La Maison Victoria €–€€
Wunderbares kleines Inn mit herrlichem Blick auf den St.-Lorenz-Strom. Schöne Wanderwege in der Nähe.
- 726 rue St-Raphael | Cap-à-l'Aigle
  La Malbaie | Tel 418-665-1022

RESTAURANTS

Auberge La Maison Otis €€
Das Restaurant der schönen alten Herberge serviert exzellente französische Küche.
- 23 rue St-Jean-Baptiste
  Baie-Saint-Paul | Tel. 418-435-2255

Le Mouton Noir €€
Regionale Küche in heimeliger Atmosphäre. Ausgezeichnet: der Eintopf Cassoulet maison de Thierry.
- 43 rue Ste-Anne | Baie-Saint-Paul
  Tel. 418-240-3030

GROSSE-ÎLE 9 F4

Gleich hinter der Île d'Orléans wird der St.-Lorenz-Strom majestätische 18 km breit. In dem früheren Einfallstor nach Nordamerika liegt gut 80 km vor Québec-Stadt Grosse-Île: Die kleine Felseninsel war 1832 bis 1937 als Quarantänestation Etappe für alle Einwanderer, auf deren Schiffen die Inspektoren Infektionskrankheiten festgestellt hatten. Für die meisten der 4 Mio. Europäer war die 40-tägige Isolation auf der Insel nur eine lästige Pflicht. Jedoch Zehntausende, überwiegend aus Irland, erlagen hier in den 1840er-/50er-Jahren Cholera und Typhus.

Heute ist Grosse-Île mit dem **Mémorial-des-Irlandais** eine nationale Gedenkstätte (Tel. 418-234-8841, 1-888-773-8888, www.pc.gc.ca; Mai–Juni Mi–So, Juli–Sept. tgl., Okt. Mi–So). Über zwanzig Gebäude sind hier zu besichtigen, darunter der Desinfektionsbau gleich am Pier, das Hotel für die Passagiere der ersten Klasse, zwei Friedhöfe und das keltische Kreuz im Inselwesten.

Ausgangspunkt für Touren zur Grosse-Île ist das gemächliche **Montmagny** 10, wo sich die **Lieu historique national de la Maison Sir Étienne-Pascal-Taché** mit dem Leben und Wirken eines der Väter der kanadischen Verfassung beschäftigt. Dessen 200 Jahre altes Haus allein ist den Besuch wert (143 rue St-Jean-Baptiste Est; Juni bis Sept tgl. 10–17.30, Okt. Sa/So 10 bis 17.30 Uhr, 4 $).

VERKEHR

- **Croisière Lachance** bietet von der Marina Berthier-sur-mer Schiffstouren nach Grosse Île inkl. Führung an (67 $; Tel. 418-692-1752, 1-855-268-9090, www.croisiereslachance.com).

HOTELS

L'Oiselière Montmagny €€
Das sympathische Spa-Hotel bietet 71 freundliche Zimmer, ein Spa mit Massage-Angebot und ist dank seiner zentralen Lage eine gute Basis für die Erkundung der Umgebung.
- 105 Chemin des Poirier
  Montmagny | Tel. 418 248 1640
  www.oiseliere.com

Auberge des Dunes €
Hübscher, 300-jähriger Inn auf der Montmagny vorgelagerten Isle-aux-Grues. Ideal zum Faulenzen und Sonnenuntergänge beobachten (Fähre: Croisiére Lachance › oben).
- 118 ch. de la Basse-Ville
  Isle-aux-Grues | Tel. 418-248-0129
  www.auberge-des-dunes.com

ÎLES PÈLERINS 11 G3

Ein Mikrokosmos für sich sind die unbesiedelten Îles Pèlerins und die Île aux Lièvres vor **Rivière-du-Loup** 12 (19 000 Einw.). Die von Biologen und Umweltschützern geleitete Société Duvetnor sorgt für die Bewahrung der ursprünglichen

Flora und Fauna des Archipels. Ihre Experten führen kleine Gruppen durch die jungfräuliche Inselwelt und informieren über den Umweltschutz in der Region. Ein Höhepunkt sind die Kolonien von Papageientauchern, Kormoranen und Dreizehenmöwen, die auf den Inseln nisten. Die Aussicht auf Belugawale und Robben gibt es bei der Überfahrt quasi gratis dazu.

Duvetnor bietet auch ein Ökotourismus-Programm mit Exkursionen sowie urgemütlichen Unterkünften auf den Inseln an, darunter auch Übernachtungen im historischen Leuchtturm auf der winzigen Felseninsel **Île du Pot à L'Eau-de-Vie.** Ein einmaliges Erlebnis, das allerdings Reservierungen weit im Voraus erfordert (€€–€€€).

INFO

Société Duvetnor

- 200 rue Hayward (im Hafen) Rivière-du-Loup | Tel. 418-867-1660 www.duvetnor.com

TADOUSSAC 13 ★ F/G3

Das fotogene, nur per Autofähre erreichbae Städtchen an der einem gigantischen Felsentor ähnelnden Mündung des **Saguenay-Fjord** in den St.-Lorenz-Strom ist Kanadas ältester Pelzhandelsposten (gegr. 1600). Heute ist es einer der beliebtesten Ausgangspunkte für Walbeobachtungstouren in den Fjord (z.B. mit Croisières AML, 177 rue des Pionniers, Tel. 1-866-856-6668, www.croisieresaml.com). Hintergrundinformationen dazu bietet das exzellente Wal-Informationszentrum **Centre d'interprétation des mammifères marins** (108, rue de la Cale-Sêche, www.gremm.org; Mai–Juni tgl. 12–17, Juli–Sept. 9 bis 20, Okt. 12–17 Uhr, 12 $).

INFO

Maison du Tourisme de Tadoussac

- 197 rue des Pionniers Tel. 418-235-4446 | 1-866-235-4744 www.tadoussac.com

Und tschüss – ein Buckelwal taucht ab im St.-Lorenz-Strom vor Tadoussac

WHALE WATCHING SPOTS

- Eine der besten Stellen für Walbeobachtung vom Land aus ist **Cap-de-Bon-Désir** bei **Les Bergeronnes** > S. 97 an der Route 138 kurz hinter Tadoussac. Mit etwas Glück kommen die Meeresriesen ganz nah an die Felsenküste heran. Infos dazu gibt es im Interpretation and Observation Centre.
- Erfolgversprechend sind Walbeobachtungstouren ab **Tadoussac,** denn der Krillreichtum in der Mündung des Saguenay-Fjords lockt zahlreiche Walarten stromaufwärts. > S. 115
- Beim Übersetzen über den St.-Lorenz-Strom und zur **Île Bonaventure** kommt es regelmäßig zur Sichtung der großen Meeressäuger. > S. 118
- Von **Brier Island** am Ende von Digby Neck, einer Nehrung im Westen von Nova Scotia, starten hervorragende Walbeobachtungstouren in die artenreiche Bay of Fundy. > S. 123
- Vor der Steilküste der neufundländischen Avalon-Halbinsel liegt ein exzellentes Walbeobachtungsrevier. Ein Zentrum der Whale Watchers ist der kleine Hafen **Bay Bulls.** > S. 142
- Gemütlich bei Fish 'n' Chips und neufundländischem Bier Wale zählen: Im Lightkeeper's Seafood Restaurant hoch über der Hafeneinfahrt von **St. Anthony** ist das möglich. > S. 144

HOTEL

Hotel Tadoussac €€–€€€
Berühmtes kleines Grandhotel mit leuchtend rotem Dach. Nüchterne Zimmer, aber ausgezeichnetes Restaurant »Le William«.
- 165 rue Bord-de-l'Eau
  Tel. 418-235-4421 | 1-800-561-0718
  www.hoteltadoussac.com

PARC NATIONAL DU BIC 14 F3

An der alten Küstenstraße Rte. 132 liegt kurz vor **Rimouski** (48 000 Einw.) ein reizvolles Ensemble runder, bis zu 350 m hoher und dicht bewaldeter Berge und Felseninseln. Wie hingeworfen wirkt dieses vom Meer umspülte Bild, und tatsächlich weiß eine uralte First-Nations-Legende von einem faulen Engel, den die Berge so sehr drückten, dass er seinen Sack ausschüttete, um seine Last zu erleichtern. Die Erklärung der Geologen ist pragmatischer: Es handelt sich um Ausläufer der Appalachen. Der schönste Abschnitt ist im nur 33 km² großen **Parc national du Bic** geschützt (Tel. 418-736-5035, www.sepaq.com/pq/bic). Hier kann man vom 350 m hohen Pic Champlain die herrliche Aussicht über den St.-Lorenz-Strom genießen oder mit Kajaks zu einer Robbenkolonie hinauspaddeln. Geführte Paddeltouren durch den Archipel und auf dem St.-Lorenz-Strom, wo häufig Wale und Seehunde gesichtet werden, organisiert in Rimouski Aventures Archipel (Tel. 1-800-665-6527, www.aventuresarchipel.com).

Ein idealer Stützpunkt für den Besuch des Nationalparks ist das sympathische Städtchen **Bic** mit einer Handvoll guter Unterkünfte und Restaurants.

HOTEL

Auberge du Mange-Grenouille €€
Verträumtes kleines Haus mit schöner Terrasse, in opulentem, jedoch niemals kitschigem Fin-de-siècle-Dekor. Ausgezeichnete regionale Küche.

- 148 rue Sainte-CécÎle | Bic
  Tel. 418-736-5656
  www.aubergedumangegrenouille.qc.ca

Relaxte Robbe im Parc national du Bic

DIE GASPÉ-HALBINSEL

★ G/H2/3

Die weit in den Nordatlantik ragende Gaspé-Halbinsel (frz. *Gaspésie*) steht bei kanadischen Outdoorfreunden für raue Natur. Menschen leben nur in kleinen Siedlungen – und von etwas Fischfang an der von schroffen Steilküsten gesäumten Nordseite und von Landwirtschaft an der flachen Baie des Chaleurs im Süden. Der Tourismus konzentriert sich rund um Percé und den Parc national de Forillon. Die Route 132 umrundet die Halbinsel. › mehr S. 12 Punkt 5 Die einzige Straße durch das unbewohnte Innere ist die Route 299 von Ste-Anne-des-Monts nach New Richmond.

Als Tor zur Gaspé-Halbinsel gilt der Garnelenfischerhafen **Matane** 15 (15 000 Einw.). Größte Attraktion vor Ort sind die Lachsleitern am **Barrage Mathieu-d'Amours:** Im kleinen Besucherzentrum unweit des Hafens kann man die Lachswanderung unter Wasser beobachten (260 ave. Saint-Jérôme).

PARC NATIONAL DE LA GASPÉSIE 16 ★ G/H2/3

Im Städtchen **Sainte-Anne-des-Monts** 17 zweigt die Rte. 299 landeinwärts ab. Wer Trekkingtouren durch die bis zu 1200 m hohen Monts Chic-Choc plant, folgt ihr rund 40 km durch die engen Täler ins Herz des 800 km² großen Parc national de la Gaspésie bis zum Sporthotel Auberge-Gîte du Mont-Albert › S. 118. Dieses ist eine gute Basis für ein- oder mehrtägige Wanderungen. Die beiden höchsten Gipfel der Halbinsel, den **Mt-Jacques-Cartier** (1268 m) und den **Mt-Albert** (1154 m), kann man jeweils in strammen Tagesmärschen bewältigen. › mehr S. 12 Punkt 6 Dabei sind gut 1000 Höhenmeter zu überwinden. Die kahlen Hochplateaus jenseits der Baumgrenze mit subarktischer Vegetation, bieten fantastische Ausblicke. Gaspésie ist der einzige Park in Kanada, in dem dank verschiedenerer Klimazonen auf engstem Raum Elche, Virginiahirsche und Karibus vorkommen.

INFO

Parc national de la Gaspésie
Discovery and Visitors Centre unweit der Auberge-Gîte du Mont-Albert.
- Tel. 418-763-7494
  www.sepaq.com/pq/gas

HOTELS

Auberge-Gîte du Mont-Albert €€–€€€
Modernes, aber stimmungsvolles Hotel, hervorragendes Restaurant (Wildgerichte). Auch fünf Selbstversorger-Cottages.
- 2001 rte. 299 | Ste-Anne-des-Monts
  Tel. 418-763-2288 | 1-866-727-2427
  www.sepaq.com/pq/gma

Hotel et cie €–€€
Überraschend urbanes Boutiquel-Hotel mit stilsicher eingerichteten Zimmern und bestem Restaurant der Umgebung.
90 Sainte-Anne Blvd. W. (Rte. 132)
Sainte-Anne-des-Monts
Tel. 418 763 3321 | 1-855-963-3321
www.hoteletcie.com

PARC NATIONAL DE FORILLON

18 ★ 8 H2

Das 245 km² große, auf einer Halbinsel in den St.-Lorenz-Golf ragende Naturschutzgebiet kurz vor **Gaspé** (16 400 Einw.) bietet Lebensraum für die Creme der kanadischen Tierwelt, v. a. Schwarzbären, Elche und Biber. An der zerklüfteten Steilküste nisten riesige Seevogelkolonien. Mit etwas Glück kann man von den Klippen aus Wale und Robben sichten. Botaniker könenn mehrere Vegetationszonen auf engstem Raum erkunden, für Wanderer gibt es acht schöne Trails kreuz und quer durch diese Wildnis, auf ausgewiesenen Plätzen ist Zelten möglich.

INFO

Parc national de Forillon
- 122 bd. Gaspé | Gaspé
  Tel. 418-368-5505 | 1-888-773-8888
  www.pc.gc.ca

HOTEL

Hôtel Motel Le Pharillon €–€€
Schlichtes Motel mit einfachem, aber gutem Restaurant und tollem Blick auf den Leuchtturm und die Steilküste des nahen Forillon-Nationalparks.
- 1293 bd. de Cap-des-Rosiers
  Cap-des-Rosiers | Tel. 418-892-5200
  www.hotel-motel-lepharillon.com

PERCÉ

19 ★ H2

Zuerst kamen Künstler, dann Touristen, gleichermaßen angezogen von dem pittoresken Charme des Ortes und von dem gewaltigen, vom Festland abgebrochenen Felsen vor der Küste: Der **Rocher Percé** ist auf Fotos und Gemälden verewigt. Er ist 438 m lang, 88 m hoch und wiegt rund 5 Mio. Tonnen. Sein Name rührt von dem etwa 30 m hohen Loch her, das der Zahn der Zeit in den Klotz gefressen hat. Den besten Blick auf den Felsen hat man während einer Bootsfahrt zur vorgelagerten **Île Bonaventure**, bisweilen kommt es auch zu Walbegegnungen. Auf der Insel hat sich die größte Tölpelkolonie Ostkanadas angesiedelt, die Tag für Tag eine

Der imposante Rocher Percé ragt vor der Gaspé-Halbinsel aus dem St-Lorenz-Strom

Kakofonie aus etwa 60 000 Schnäbeln anstimmt.

Percé selbst besteht vor allem aus einer von einladenden Galerien und Kunsthandwerkläden gesäumten *route principale*. Das **Musée Le Chafaud** erinnert an die einstige Bedeutung der Fischerei und präsentiert Werke der lokalen Künstlerszene (142 rte. 132; Juni–Sept. tgl. 10–20 Uhr, 5 $).

Sehr zu empfehlen ist der Besuch des **Géoparc mondial UNESCO de Percé** (180 Rte. 132, Tel. 418-782-5112, www.geoparcdeperce.com; Juni–Okt tgl. 8–21 Uhr, 23 $): Im Hauptgebäude am Ortsrand lässt eine spektakuläre Multimediashow die 500 Millionen Jahre alte geologische Vergangenheit von Percé revue passieren. Zum Géoparc gehört außerdem die 200 m über dem Ort an den Hausberg **Mont-Ste-Anne** gebaute spektakuläre Aussichtsplattform. Der Blick von hier über Percé auf Rocher-Percé und Ile Bonaventure ist einfach grandios.

INFO

Parc national de l'Île-Bonaventure-et-du-Rocher-Percé

Juni–Okt. tgl. 9–17 Uhr; geführte Touren; informiert auch über Anbieter von Bootstouren zur Vogelkolonie.

- 4 rue du Quai
  Tel. 418-782-2240 | 1-800 665-6527
  www.sepaq.com/pq/bon

HOTELS

Hôtel La Normandie €€–€€€

Komfortables Haus direkt in Percé, umgeben von einer gepflegten Grünanlage. 45 helle, freundliche Zimmer – inklusive tollem Blick auf den Rocher Percé und die Île Bonaventure.

- 221 rte. 132 Ouest
  Tel. 418-782-2112 | 1-800-463-0820
  www.normandieperce.com

Hôtel Le Mirage €€
Preiswerte Alternative, mit 67 gemütlich-funktionellen Zimmern – und ebenfalls mit schöner Aussicht.
- 288 rte. 132 Ouest
  Tel. 418-782-5151 | 1-800-463-9011
  www.hotellemirageperce.com

RESTAURANT

La Maison du Pêcheur €€
Das urige, maritim dekorierte Lokal im Hafen von Percé ist seit vielen Jahren die Nummer Eins in Sachen Fisch und Meeresfrüchte, ganz besonders in der Hummersaison. Aus dem Holzofen kommen aber auch gute Pizzas.
- 157 rte. 132 Ouest | Tel. 418-782-5331

BAIE DES CHALEURS H3

Der Küstenstreifen im Süden der Gaspé-Halbinsel erlaubt etwas landwirtschaftliche Nutzung. Orte wie Hope Town, Miguasha oder Bonaventure erinnern noch an eine Zeit, in der Akadier von der Bay of Fundy und Loyalisten aus den USA hier an Land gingen und Siedlungen gründeten.

Im hübschen Städtchen **Paspébiac** 20 zeugt der **Site historique du Banc-de-Pêche** von der Blütezeit der Fischerei, die einst von reichen Familien von den Jersey-Inseln kontrolliert wurde (3e rue, route du Quai, www.shbp.ca; Juni bis Okt. tgl. 9–17 Uhr, 13 $).

Bonaventure 21 ist eine Hochburg der Akadier › S. 130. Über ihre Kultur und die Tragödie ihrer Vertreibung aus den ursprünglichen Siedlungsgebieten an der Bay of Fundy informiert das **Musée acadien du Québec** (95 av. Port-Royal, www.museeacadien.com; Juni–Anf. Okt. 9–17 Uhr, 12 $).

Und auch die Nachfahren der Loyalisten › S. 78 haben ihr Museum: In **New Richmond** 22 bewahrt das Museumsdorf **Site patrimonial de la Pointe-Duthie** u. a. mit gut einem Dutzend Bauten inklusive Leuchtturm das Erbe der Micmac First Nations, Akadier und der englischsprachigen Gaspesians (351 bd. Perron Ouest, Tel. 418-392-4487; Mitte Juni bis Labour Day Mo–Fr 10–16 Uhr, 8 $).

Das am Ende der Baie des Chaleurs liegende **Pointe-à-la-Croix** 23 erlebte 1760 das endgültige Ende der französischen Herrschaft in Nordamerika, als britische Kriegsschiffe hier eine kleine französische Entsatzflotte vernichteten. Die hoch über der Bucht gelegene nationale Gedenkstätte **La Bataille-de-la-Ristigouche** erinnert an den dramatischen Abschied der Franzosen von »Nouvelle France« (40 bd. Perron Ouest, Tel. 418-788-5676; Juni bis Okt, tgl. 9–17 Uhr, 3,90 $).

INFO

Tourisme Baie-des-Chaleurs
- 122 bd. Perron Ouest
  New Richmond | Tel. 418-364-3544
  www.baiedeschaleurs.ca

HOTEL

Hostellerie Baie Bleue €€
Schönes Motel mit Restaurant, Pool und Strand. Elegant-einfache Zimmer, viele mit Meerblick.
- 482 bd. Perron | Carleton-sur-Mer
  Tel. 418-364-3355 | 1-800-463-9099
  www.baiebleue.com

DIE MARITIMES

Historische Schiffe beim
Tall Ships Festival in Halifax

Natur- und Kulturvielfalt in New Brunswick, Prince Edward Island und Nova Scotia, Highlights wie Halifax oder der Cabot Trail sowie PEIs Badestrände machen die Atlantikprovinzen zu einem besonders vielseitigen Ziel.

Sturmumtoste Steilküsten und Leuchttürme im rot-weißen Ringellook: Die Klischees über die »Maritimes« stimmen und sind doch nur die halbe Wahrheit. Wer weiß denn schon, dass Prince Edward Island mit Strandkultur wie an der Riviera lockt? Dass es PEI, die kleinste Provinz des Landes, überhaupt gibt? Tatsächlich ist die halbmondförmige Insel selbst von kanadischen Kartografen schon vergessen worden – so will es zumindest die Legende. Wirklich wahr ist, dass in PEI die schönsten Strände mit dem wärmsten Badewasser nördlich der Carolinas warten. Auch New Brunswick ist Reisenden aus Übersee nicht allzu bekannt. Zu Unrecht: Allein die Weltrekordgezeiten der Bay of Fundy im Rocks Provincial Park sind den Besuch dieser Provinz wert. Ihren Klischees entsprechen die Maritimes am ehesten in Nova Scotia: Ihre meist schottischstämmigen Einwohner tragen den Spitznamen »Bluenoses«, nach dem seinerzeit schnellsten Segler, der hier vom Stapel lief. Und selbst die Form der Provinz erinnert an den hier allgegenwärtigen Hummer. Die alte Heimat wird in Ehren gehalten. In Nova Scotia sind Dudelsack und Rock 'n' Roll zu einer fetzigen Mischung namens *gaelic rock* zusammengeflossen, eine perfekte Begleitmusik bei Fahrten entlang einer traumhaften Küstenlandschaft.

Peggy's Cove, Kanadas bekanntestes Fotomotiv, an der Lighthouse Route in Nova Scotia

TOUREN IN DER REGION

TOUR 6

DREI PROVINZEN IN ZWEI WOCHEN

ROUTE: Halifax > Peggy's Cove > Mahone Bay > Lunenburg > Liverpool > Kejimkujik N.P. > Annapolis Royal > Port Royal > Brier Island > Grand-Pré NHS > Fort Beauséjour > Moncton > Rocks Provincial Park > St. John > Cavendish > PEI National Park > Charlottetown > Pictou > Antigonish > Port Hawkesbury > Isle Madame > St. Peter's > Baddeck > Fortress of Louisbourg > Ingonish > Cape Breton Highlands N.P. > Cape North > Chéticamp > Mabou > Baddeck > Halifax

KARTE: Seite 124
LÄNGE: 14 Tage/1900 km (mit Saint John 2200 km)
PRAKTISCHE HINWEISE:

- Die Tour erfolgt per Mietwagen.
- Die mehrmals täglich zwischen Wood Islands (PEI) und Caribou (Nova Scotia) verkehrende Autofähre von Northumberland Ferries (Tel. 1-877-762-7245, www.ferries.ca) muss man nicht vorab buchen.
- Von Wissenschaftlern geführte Whale Watching Touren von Brier Island aus organisiert Whale and Seabird Cruises (223 Water St., Westport, Tel. 902-839-2995, www.brierislandwhalewatch.com).

TOUR-START:

Erste Station dieser in **Halifax** 1 › S. 127 beginnenden Tour ist **Peggy's Cove** 2 › S. 129, das meistfotografierte Fischerdorf Kanadas am Hwy. 333. Kehren Sie auf den Hwy. 103, die sogenannte **Lighthouse Route,** zurück und besuchen Sie die Highlights **Mahone Bay** 4 › S. 129, **Lunenburg** 5 › S. 129 und **Liverpool** 6 › S. 130.

Hier verlassen Sie die Küste und biegen auf den Hwy. 8 durch das dicht bewaldete Innere ab. Nehmen Sie sich unterwegs ein paar Stunden für eine Wander- oder Paddeltour in der Wildnis des **Kejimkujik National Park,** der ein besonders schönes Stück des *backcountry* schützt. Das schläfrige **Annapolis Royal** 7 › S. 131 eignet sich gut als Basis für die Erkundung des Forts von **Port Royal** 8 › S. 131 und einen Abstecher über die 70 km lange Nehrung Digby Neck nach **Brier Island.** Die Insel ist für ihr ausgezeichnetes Whale Watching in der Bay of Fundy bekannt. Danach führt Sie der Hwy. 101 durch das als »Obstkorb Kanadas« bekannte **Annapolis Valley** zum fotogenen **Wolfville** und nach **Grand-Pré** 9 › S. 131, einem historischen Zentrum der französisch sprechenden Akadier. Hier bieten sich Ihnen verschiedene Routen rund um die Bay of Fundy nach New Brunswick, doch alle führen Sie am Ende auf den als Trans Canada Highway ausgewiesenen Hwy. 104 (in NB Hwy. 2).

TOUREN DURCH DIE MARITIMES

TOUR 6

DREI PROVINZEN IN ZWEI WOCHEN

Halifax > Lighthouse Route > Kejimkujik National Park > Annapolis Royal > Brier Island > St. John > PEI National Park > Charlottetown > Pictou > Cape Breton Island > Halifax

TOUR 7

PER RAD UND KAJAK DURCH CAPE BRETON ISLANDS SÜDEN

Isle Madame > Janvrin Island > Whycocomagh > Mabou

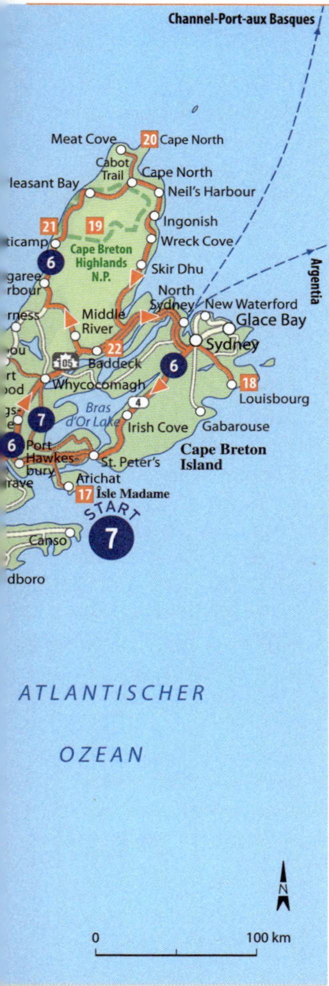

TOUR 8

AUF DEM CONFEDERATION TRAIL DURCH PEI

North Cape > Northport > Summerside > Kinkora > Charlottetown > St. Peter's > East Point

Erster Halt in New Brunswick ist das historische **Fort Beauséjour** 10 > S. 131 bei Aulac, dessen Wälle wunderbare Aussichten auf die Tantramar Marsh und das Ende der Bay of Fundy bieten. Auch Ihre nächsten Stopps stehen ganz im Zeichen der Bay: In **Moncton** erleben Sie im Boreview Park die täglich von der Flut in der Bay den Petitcodiac River heraufgedrückte Flutwelle; im nahen **Rocks Provincial Park** 11 > S. 131 zeigen sich Ihnen die gewaltigen Gezeitenunterschiede am dramatischsten. Von hier lohnt sich ein Abstecher in die alte Hafenstadt **St. John.** In der übersichtlichen Altstadt mit ihren schönen Kaufmannshäusern an Prince William und Germain Streets lässt sich ein netter Nachmittag verbringen.

Anschließend geht es zurück nach Norden. Hinter Moncton nehmen Sie den Hwy. 15, der Sie über den Hummerfischerhafen **Shediac** – hier locken viele gute Hummerkantinen – zur Confederation Bridge nach Prince Edward Island bringt. In der Mini-Provinz lassen Sie sich am besten treiben. Besuchen Sie **Cavendish** 14 > S. 132, den **PEI National Park** 15 > S. 133 und die niedliche Hauptstadt **Charlottetown** 13 > S. 132 ohne Stress, mäandern Sie dann gemütlich nach **Wood Islands** im Südosten, wo Sie auf die Autofähre nach **Caribou** rollen.

Zurück in Nova Scotia, ist die erste Station das urige, von schottischen Immigranten gegründete **Pictou.** Danach führt Sie der Hwy. 104 geradewegs nach **Cape Breton Island** > S. 134. Der Hauptgrund für Ihre Reise hierher ist der Hwy. 105. Die unter dem Namen **Cabot Trail** › S. 134 berühmte spektakuläre Panoramastraße ist 300 km lang und beginnt und endet im Kurort **Baddeck** › S. 135 am schönen Bras d'Or Lake. Gönnen Sie sich zuvor einen Abstecher zur **Isle Madame** 17 › S. 134, einer hübschen akadischen Enklave im Südosten, und lassen Sie sich auch nicht das historische **St. Peter's** am Bras d'Or Lake entgehen.

Unterwegs auf dem Cabot Trail, lohnt auch die **Fortress of Louisbourg** 18 › S. 134, Kanadas größtes und spektakulärstes Museumsdorf, einen Umweg. Zurück nach **Halifax** 1 gelangen Sie am schnellsten auf den Highways 104 und 102.

TOUR 7

PER RAD & KAJAK DURCH CAPE BRETON ISLANDS SÜDEN

ROUTE: Isle Madame (Arichat) › Janvrin's Island › St. Peter's › Whycocomagh › Mabou

KARTE: Seite 124
LÄNGE: 1 Woche/110 km per Rad, Kajak bis zu 6 Std./Tag
PRAKTISCHE HINWEISE:

- Die Tour erfordert eine gute physische Kondition – Fortbewegungsmittel sind vor allem Fahrrad und Seekajak.
- Zu empfehlen ist eine geführte Tour. Freewheeling Adventures in Nova Scotia organisiert diesen neben vielen anderen Trips (Tel. 902-857-3600, 1-800-672-0775, www.freewheeling.ca).

TOUR-START:

Diese Tour führt Sie in die akadischen Enklaven im Südosten von Cape Breton Island und an die gälisch geprägte Südwestküste der Insel. Übernachtet wird in gemütlichen kleinen Country Inns.

Ausgangspunkt ist die Cape Breton Island vorgelagerte **Isle Madame** 17 › S. 134. Die kaum befahrenen Straßen der Insel, ideal für unbeschwertes Radeln. › mehr S. 13 Punkt ⑩ Sie führen durch fotogene kleine Fischerhäfen, deren Anfänge auf französische, akadische und baskische Fischer zurückgehen. Die waldreichen Felsgestade des benachbarten **Janvrin's Island** › S. 134 hingegen lassen sich am besten im Kajak erkunden – neugierige Seehunde sind oft »Zaungäste«. Am Abend des dritten Tages bringt Sie ein Transfer nach **St. Peter's** am historischen St. Peter's Canal. Von hier aus radeln Sie etwa 120 Kilometer durch die stille, sanft hügelige Landschaft am Südende des Bras d'Or Lake über Whycocomagh an der gleichnamigen Bay nach **Mabou**. In den nächsten Tagen dient das für seine gälische Musiktradition bekannte Dorf als Basis für Paddel-, Rad- und Wandertouren in der wunderschönen Umgebung.

TOUR 8

AUF DEM CONFEDERATION TRAIL DURCH PEI

ROUTE: North Cape > Northport > Summerside > Kinkora > Charlottetown > St. Peter's > Elmira > East Point

KARTE: Seite 124
LÄNGE: 1 Woche/280 km
PRAKTISCHE HINWEISE:
- Diese Radtour erfordert entsprechende Fitness und Ausdauer.
- Der in Stratford ansässige Anbieter PEI Cycling Tours (Tel. 902-367-1644, www.peicyclingtours.ca) verleiht Bikes und organisiert auch Touren auf dem Confederation Trail.

TOUR-START:

Der Confederation Trail ist ein fast 500 km langes Netzwerk aus meist flachen, Radfahrern und Wanderern vorbehaltenen Wegen, die stillgelegten historischen Eisenbahntrassen folgen. Die Tour verbindet die schönsten Abschnitte des Confederation Trail zu einer einwöchigen Radtour quer durch die Insel. Pro Tag werden zwischen 35 und 80 Kilometer zurückgelegt, die Übernachtung erfolgt in gemütlichen Country Inns am Weg.

Ausgangspunkt ist **North Cape** am Nordwestzipfel der Provinz. Weitere Stationen dieser Tour sind **Northport,** die hübsche Hafenstadt **Summerside, Kinkora,** das viktorianische **Charlottetown** > S. 132, **St. Peter's** an der Mündung des gleichnamigen Flusses, **Elmira** mit seinem Schmalspurbahn-Museum und der historische Leuchtturm **East Point.**

WICHTIGE ADRESSEN

www.tourismnewbrunswick.ca, www.tourismpei.com, www.novascotia.com: Seiten der Tourismusministerien mit nützlichen Infos zur Reiseplanung und Links zu Sehenswürdigkeiten.

UNTERWEGS IN DEN MARITIMES

HALIFAX 1 J4

Die Hauptstadt (403 000 Einw.) Nova Scotias sprüht vor kreativer Lebensfreude – erstaunlich, da ihr täglich Brot lange der Krieg war. Im Naturhafen nahmen die britischen Expeditionen gegen Louisbourg 1758 und Québec 1759 ihren Anfang. Während der Weltkriege wurde hier die alliierte Flotte zusammengestellt. Heute ist Halifax ein wichtiger Containerhafen und Marinestützpunkt. Und der kulturelle, hippe Mittelpunkt der Provinzen am Atlantik.

Dem militärisch-maritimen Erbe begegnet man in der kompakten Stadt auf Schritt und Tritt. Einen schönen Überblick bietet die Down-

Der Clock Tower aus dem 19. Jh. krönt den Citadel Hill von Halifax

town überragende **Halifax Citadel** von 1856. Heute exerzieren die prächtig uniformierten Rotröcke des 78th Highland Regiment für Touristen (Mai–Juni u. Sept.–Okt. tgl. 9–17, Juli–Aug. bis 18 Uhr; 45-min. Führungen, 7,80–11,70 $). Von den Wällen blickt man über den fotogenen **Clock Tower** (um 1800) auf Downtown und Hafen.

Grand Parade heißt der zentrale Platz, wo die Stadt 1749 ihren Anfang nahm. In der Nähe stellt die **Art Gallery of Nova Scotia** Kunst der Maritimes aus (1723 Hollis St., www.artgalleryofnovascotia.ca; tgl. 10–17, Do bis 21 Uhr, 12 $).

Nova Scotias Seefahrtsgeschichte präsentiert das ausgezeichnete **Maritime Museum of the Atlantic.** Blickfang am Pier ist das bis 1969 zur Forschung und Kartierung im Eismeer eingesetzte Hydrografie-Schiff »CCS Acadia« (1675 Lower Water St., http://maritimemuseum.novascotia.ca; Mai–Okt. Di 9.30 bis 20, Mi–Sa 9.30–17, So 13–17 Uhr, Mo geschl., 9,55 $).

Das alte Hafenviertel wurde in den 1960ern gründlich renoviert. Die **Historic Properties** mit ihren Shops, Restaurants und Musikkneipen in alten Lagerhäusern sind abends ein beliebter Hangout der jungen Haligonians (www.historicproperties.ca).

Pier 21 heißen die langen Gebäude südlich der Properties, wo 1928 bis 1971 über 1 Mio. Einwanderer kanadischen Boden betraten. Das **Canadian Museum of Immigration** dokumentiert hier diese Ära (1055 Marginal Rd., www.pier21.ca; Mai bis Okt. tgl. 9.30–17.30, Nov. 9.30 bis 17, Dez.–März Mi–So 10 bis 17 Uhr, April nur Mo geschl., 12,60 $).

INFO

Halifax Waterfront Visitor Information Centre
- 1809 Barrington St | Suite 708
  Tel. 902-422-9334 | 1-877-422-9334
  www.discoverhalifaxns.com

HOTELS

Halliburton Inn Hotel €€€
Elegante viktorianische Herberge mit Gourmetrestaurant »Stories«.
- 5184 Morris St.
  Tel. 902-420-0658 | 1-888-512-3344
  www.thehalliburton.com

Waverley Inn €€
Nostalgische viktorianische Herberge, in der schon Oscar Wilde schlief.
- 1266 Barrington St.
  Tel. 902-423-9346 | 1-800-565-9346
  www.waverleyinn.com

RESTAURANTS

The Press Gang Restaurant & Oyster Bar €€–€€€
Beliebtes Seafood-Restaurant in einem der ältesten Gemäuer der Stadt.
• 5218 Prince St. | Tel. 902-423-8816

Salty's Restaurant €€–€€€
Unten *casual,* oben *classy* – auch bei den Preisen für Seafood-, Pasta- und Fleischgerichte, serviert in den Historic Properties.
• 1877 Upper Water St. | Tel. 902-423-6818

NIGHTLIFE

The Dome
Do–Sa bis 3.30 Uhr v.a. DJ-Musik zum Abtanzen. Nichts für ältere Semester!
• 1732 Argyle St. | Tel. 902-454-9344
www.thedome.ca

Lower Deck Pub
Beliebtes Pub-Restaurant in den Historic Properties, täglich Livebands aus ganz Atlantik-Kanada.
• 1887 Upper Water St. | Tel. 902-425-1501
www.lowerdeck.ca

Split Crow Pub Halifax
Populärer Traditionspub, täglich Livemusik.
› mehr S. 13 Punkt 8
• 1855 Granville St. | Tel. 902-422-4366
www.splitcrow.com

PEGGY'S COVE 2 ★ J5

Das berühmte, an der **Lighthouse Route** › S. 123 gelegene Peggy's Cove (www.peggyscoveregion.com) ist ein kleiner Bilderbuch-Ort. › mehr S. 16 Punkt 31 Bunte Häuschen und farbenfrohe Kutter, ein strahlend weißer, rot bemützter Leuchtturm auf nacktem Granit brachtem ihm auch den Titel »meistfotografiertes Fischerdorf« ein › Bilder S. 54 u. 122. Im **Leuchtturm** von 1914 residiert das kleinste Postamt des Landes.

DIE MAHONE BAY J5

Einst war Nova Scotias schärenreiche Ostküste ein ideales Piratenversteck, es gibt sogar eine richtige Schatzinsel: **Oak Island** 3 › S. 11 in der Mahone Bay, mit hauptberuflichen Schatzgräbern, einer eigenen TV-Realityshow namens »The Curse of Oak Island« und einem kleinen Museum zu den Grabungen.

Auch das gleichnamige Städtchen **Mahone Bay** 4 war lange ein Seeräubernest, bis sich vor seiner offiziellen Gründung 1754 die ersten Siedler niederließen. Heute ist es ein architektonisches Schmuckkästchen, populäres Fotomotiv sind die drei Kirchlein am Ufer. Antiquitätenläden locken an der Main Street zum Stöbern.

LUNENBURG 5 ★ J5

Im Jahr 1753 von Deutschen und Schweizern gegründet, blieb die Hafenstadt mit ihren Werften von Bränden und Stadtplanern verschont. Seit 1995 ist Lunenburg (www.explorelunenburg.ca) wegen seines gut erhaltenen Stadtbilds UNESCO-Weltkulturerbe. Adrette Häuser mit verzierten Türen und historische Segler im Hafen laden zum Bummeln ein.

Das **Fisheries Museum of the Atlantic** informiert über Lunenburgs Schiffsbautradition und über die *rum runner*, die Alkoholschmuggler während der Prohibition (68 Bluenose Dr.; Mai–Okt. tgl. 9.30–17, Juli–Aug. bis 19 Uhr, 12 $). Wenn sie nicht auf Tour ist, liegt hier auch die **Bluenose II** vor Anker: Der Zweimastschoner ist ein originalgetreuer Nachbau des lange schnellsten kommerziellen Segelschiffes der Welt, das auch die 10-Cent-Münze ziert.

HOTEL

Rum Runner Inn €–€€
Nüchterne Zimmer, aber mit schönem Hafen- und Altstadtblick.
• 66 Montague St.
Tel. 902-634-9200 | 1-888-778-6786
www.rumrunnerinn.com

RESTAURANT

The Old Fish Factory €–€€
Beste Fische und Meeresfrüchte, stimmungsvoll serviert im Fisheries Museum.
› mehr S. 15 Punkt 18
• 68 Bluenose Dr. | Tel. 902-634-3333

LIVERPOOL 6 J5

Nova Scotias Liverpool (www.regionofqueens.com) liegt wie das englische am Mersey River. Es nennt sich jedoch auch »Port of the Privateers«, eine Anspielung auf die Freibeuter-Vergangenheit. Ausgestattet mit Freibriefen des Königs, unternahmen die Liverpooler zwischen 1760 und 1812 Hunderte von Kaperfahrten gegen US-Schiffe.

»NOS AMIS LES ENNEMIS«

»Unsere Freunde, die Feinde« – eine bündige Umschreibung des Dilemmas der Akadier: Mit Neu-Frankreich wollten die friedlichen, von den ersten französischen Siedlern an der Bay of Fundy abstammenden Bauern ebenso wenig zu tun haben wie später mit den Engländern. So beharrten die Akadier in den Kriegen der damaligen Supermächte auf ihre Neutralität. Als das Säbelgerassel jedoch näher kam, gerieten sie zwischen die Fronten. 1755, am Vorabend des Siebenjährigen Krieges, wurden alle 8000 Einwohner von »L'Acadie« von den vorrückenden Briten auf Schiffe getrieben und nach Frankreich, Neuengland und Louisiana deportiert. London hielt die neuen, französisch sprechenden und zudem katholischen Untertanen für allzu unsichere Kantonisten.

Die Deportation wurde im Gedicht »Evangéline« des Poeten Henry W. Longfellow aus Neuengland dramatisiert. Darin werden die Liebenden Evangéline und Gabriel aus dem Dorf Grand-Pré getrennt und erst im Tod vom Schicksal wieder vereint. Heute ist Evangéline Teil des akadischen Kulturerbes, ebenso wie die in Nova Scotia, PEI, Québec und vor allem New Brunswick verbreitete Trikolore mit dem goldenen Stern. Lebendig sind auch die Bemühungen zur Erhaltung der akadischen, von Französisch und Québécois hörbar unterschiedlichen Sprache, und die sog. *rétrouvailles*. Bei diesen Familienfesten trifft sich die akadische Diaspora – auch die Cajuns aus Louisiana – und spielt zum Tanz auf.

Deren Geschichten dokumentiert das **Perkins House Museum** (105 Main St., www.museum.gov.ns.ca/peh; Juni–Mitte Okt. Mo–Sa 9.30–17.30, So 13–17.30 Uhr, 4 $).

ANNAPOLIS VALLEY H/J4/5

An der Bay of Fundy um **Annapolis Royal** 7 sind Landschaft und Klima milder als am Atlantik und lassen Landwirtschaft und Obstanbau zu. Das wussten schon die ersten weißen Siedler zu schätzen. Samuel de Champlain, der spätere Gründer Neu-Frankreichs, ließ 1605 den Handelsposten **Port-Royal** 8 am Ufer des Annapolis Basin errichten. Das Palisadenfort wurde detailgetreu rekonstruiert, mit Wohn-, Handels- und Militärbauten (Mai bis Mitte Okt. tgl. 9–17.30, 3,90 $).

Champlain folgten die Akadier › Seitenblick links. Diese französischsprachigen Siedler kultivierten das Annapolis Valley und siedelten rund um die Bay, bis sie im Jahr 1755 von den Briten deportiert wurden. An diese »ethnischen Säuberung« erinnert die **Grand-Pré National Historic Site** 9. An der Stelle des damals niedergebrannten Dorfes Grand-Pré stehen eine kleine Kirche und eine Statue von »Evangéline«, der Heldin aus Longfellows Gedicht (Mai–Okt. tgl. 9–17 Uhr, 7,80 $). Siedler aus Neuengland übernahmen das Land und gründeten in der Nähe **Wolfville,** heute ein fotogenes Städtchen mit gepflegten alten Villen.

HOTEL

Hillsdale House Inn €–€€
Luxuriöses altes Inn mit viktorianischem Mobiliar in hellen Zimmern.
- 519 St. George St.
  Annapolis Royal | Tel. 902-532-2345
  www.hillsdalehouseinn.ca

RESTAURANT

Le Caveau €€–€€€
Regionale Küche mit internationalem Flair auf dem Weingut Domaine de Grand Pré.
- 11611 Hwy. 1 | Grand-Pré | Tel. 902-542-7177

FORT BEAUSÉJOUR 10 J4

Vom 1751 erbauten Fort bei **Aulac** in New Brunswick aus versuchten die Franzosen vergeblich, den Vormarsch der Briten nach Neu-Frankreich zu stoppen. Heute ist die sternförmige Festung ein Aussichtspunkt, von dessen grasbewachsenen Wällen man einen herrlichen Blick auf die Bay of Fundy hat. Eine Ausstellung erinnert an die zwei um das Fort geführten Schlachten (Juni–Sept. tgl. 9–17 Uhr, 3,90 $).

ROCKS PROVINCIAL PARK 11 ★ J4

In der Bay of Fundy ist das Spiel der Gezeiten am spektakulärsten bei Cape Hopewell im Rocks Provincial Park (www.thehopewellrocks.ca) bei **Moncton.** Wer die bizarren Felsnadeln aus dem Prospekt vergeblich sucht, sollte sich die kleinen, baumbestandenen Inselchen unterhalb der Aussichtsterrasse genauer anschauen und abwarten: Sie sind es, die berühmten *flowerpots*. Stunden später ist der Wasserpegel um 16 m (!) gesunken, und man kann trockenen Fußes um die schlanken Sockel der »Inseln« spazieren.

HOTEL

Delta Beauséjour €€
Außen hässlich, innen freundlich; mit Restaurant »Windjammer«.
- 750 Main St. | Moncton
  Tel. 506-854-4344 | 1-888-890-3222
  www.marriott.com

RESTAURANT

Maverick's Steakhouse €€
Seit 1998 die beste Adresse in der Stadt für saftige Steaks.
- 40 Lady Ada Blvd. | Moncton
  Tel. 506-855-3346

PRINCE EDWARD ISLAND ★ J3/4

PEI (gesprochen »Pi-I-Ei«), Kanadas Mini-Provinz, ist seit 1997 per Brückenschlag mit dem Festland verbunden. Von Carleton aus geht es auf der geschwungenen, 12,9 km langen **Confederation Bridge** 12 hinüber nach Borden. Das ländliche PEI steht für Faulenzen am Strand, Hummergelage *(lobster suppers)* und Behaglichkeit in Country Inns.

CHARLOTTETOWN 13

PEIs Hauptstadt (35 000 Einw.) regiert 140 000 meist irischstämmige Insulaner und machte nur einmal Schlagzeilen: Als die Delegierten der englischen Kolonien anno 1864 im **Province House** die Gründung des kanadischen Bundesstaates beschlossen (wg. Renovierung bis vorauss. Ende 2021 geschlossen). Das **Confederation Centre of the Arts** daneben präsentiert in seiner Galerie kanadische Kunst, auf seinen Bühnen ein vielfältiges Musik- und Theaterprogramm (145 Richmond St., www.confederationcentre.com).

INFO

Tourism Charlottetown
- 91 Water St.
  Tel. 902-566-2549 | 1-800-955-1864
  www.discovercharlottetown.com

HOTEL

Charlotte's Rose Inn €–€€
Wunderbares viktorianisches 5-Zimmer-B & B mit köstlichem Frühstück.
11 Grafton St.
Tel. 902-892-3699 | 1-888-237-3699
www.charlottesrose.com

RESTAURANTS

Pilot House €€€
Karibisch angehauchte, auf Lamm und Seafood spezialisierte Küche in einem schönen alten »Heritage«-Gebäude.
- 70 Grafton St. | Tel. 902-894-4800

The Olde Dublin Pub €
Irischer Pub mit PEIs größter Bierauswahl und täglicher Livemusik.
- 131 Sydney St. | Tel. 902-892-6992

CAVENDISH 14 UND UMGEBUNG

Attraktion des Strandortes Cavendish ist **Green Gables House**, das Vorlage für die »Anne«-Romane von Lucy Maud Montgomery war und heute ein Museum ist (Mai bis Okt. tgl. 9–17 Uhr, 7,80 $).

Badeurlaub? Na klar, im Prince Edward Island National Park!

Eine Lobster-Hochburg gut 5 km östlich ist **North Rustico,** legendär die Hummerkantine »Fisherman's Wharf Lobster Suppers« › **rechts.**

Im **Prince Edward Island National Park** 15 9 östlich von Cavendish finden sich 40 km makellos weißer Sandstrand. Das Wasser hat hier dank des Golfstroms Badetemperaturen von bis zu 20 °C. Die mit Abstand schönsten und beliebtesten Strände sind **Cavendish Beach** und **Brackley Beach.** Bei Brackley Beach zeigt und verkauft das **Dunes Studio Gallery & Café** Werke lokaler Künstler. › mehr S. 17 Punkt 35 Zudem serviert es Regionalküche (RR9, Tel. 672-2586, www.dunesgallery.com; Juni–Okt., €–€€).

HOTEL

Dalvay-by-the-Sea €€€

PEIs schönstes Refugium: Nostalgisches Haus im Grünen und am Strand, gemütliche Zimmer mit edlem Holz-Interieur.

- Dalvay | Tel. 902-672-2048 www.dalvaybythesea.com

RESTAURANT

Fisherman's Wharf Lobster Suppers €€

Täglich fangfrischer Hummer und »All-you-can-eat-Seafood«. › mehr S. 14 Punkt 15 Der Gast bekommt Schürze, Werkzeug und Eimer überreicht, dann darf er ganz formlos an einer 20-Meter-Theke genießen. Mitte Mai–Mitte Okt. tgl. 12–21 Uhr.

- Rte. 6 | North Rustico | Tel. 902-963-2669 www.fishermanswharf.ca

ÎLES DE LA MADELEINE

16 J/K3

Wie bitte? 300 km Sandstrände? Lagunen? Die Îles de la Madeleine (engl. *Magdalen Islands*) sind keineswegs, wie man es erwarten würde, nackte Felsen im eisigkalten Nordatlantik, sondern liebliche, von grünen Matten und Hügeln bedeckte Eilande. Sechs der Inseln im St.-Lorenz-Golf – Havre-Aubert, Cap-aux-Meules, Havre-aux-Maisons, Grosse-Île, Île-aux-Loups und Grande-Entrée – sind durch Sandbänke verbunden. > mehr S. 13 Punkt 9 Die 13 000 Madelinots, Nachkommen der Akadier, nehmen das Leben gelassen, Hektik ist ihnen fremd. Ihre farbenfrohen Häuschen haben sie scheinbar planlos auf die grünen Wiesen gestellt, das Meer ist quasi immer zu sehen. So kann man tief durchatmen und ganz entspannt die Radtour angehen, den Ritt durch die Dünen, den Segeltörn, … nur keinen Stress.

INFO

Tourisme Îles de la Madeleine

- Cap-aux-Meules
  Tel. 418-986-2245 | 1-877-624-4437
  www.tourismeilesdelamadeleine.com

VERKEHR

- **Fähren:** April–Jan. Autofähren von Souris (PEI) aus. Überfahrt 5 Std.; Reservierung Tel. 418-986-3278, 1-888-986-3278, www.traversierctma.ca.
- **Flugverbindungen:** Täglich. ab Montréal, mit Zwischenlandung in Mont-Joli und Gaspé.

CAPE BRETON ISLAND

★ K3/4

Seen und Hügel im Südwesten, karge Highlands und Steilküsten im Norden prägen die Insel. Weltberühmt ist der Cabot Trail, der Nova Scotias schönste Stück umrundet.

ISLE MADAME 17 UND JANVRIN'S ISLAND

Zwei Cape Breton südlich vorgelagerte Inseln sind einen Besuch wert: Hinter Port Hawkesbury, auf dem Hwy. 104, geht es zur **Isle Madame** (www.imtta.ca). Das 45 km² große, weitgehend untouristische Eiland ist eine akadische Enklave und bietet – ebenso wie das benachbarte **Janvrin's Island** (www.janvrinsisland.ca) – hübsche Fischerorte und schöne Panoramen über den Atlantik. Das akadische Kulturzentrum La Picasse in Petit-de-Grat dokumentiert die bis ins 16. Jh. zurückreichende Siedlungsgeschichte (3435 Hwy. 206; Mo–Fr 9–17 Uhr).

FORTRESS OF LOUISBOURG 18

Bis zu ihrer Eroberung 1758 war die französische Garnison ein florierendes Handelszentrum, ein Fünftel von ihr (6700 ha) wurde als National Historic Site rekonstruiert und ist heute Kanadas größtes Museumsdorf. 8 Meter hohe Stadtmauern umgeben über 50 detailgenaue Häuser, Kirchen und Piers (Mitte Mai–Mitte Okt. tgl. 9.30–17, sonst Mo–Fr 9.30–16 Uhr, 17,60 $).

CABOT TRAIL ★ 10

Das Beste zuletzt: der Cabot Trail (www.cabottrail.travel), der den Inselnorden umrundet. Hinter dem Örtchen **Wreck Cove** arbeitet sich die Straße von Meereshöhe in Serpentinen den Smoky Mountain hinauf. Bei Ingonish liegt ein Eingang zum **Cape Breton Highlands National Park** 19. In **Cape North** 20 zweigt eine kleine Straße zu den nördlichsten Vorposten der Insel ab, gesäumt von engen Tälern und steilen Felswänden. Dann quert der Trail den Nationalpark, jagt ein Panorama das nächste.

Krabbenfischer entladen ihren Fang in Chéticamp

Besonders fotogene Perspektiven hat man kurz vor dem akadischen Fischerort **Chéticamp** 21 (4000 Einw.). > mehr S. 13 Punkt 11

Der Cabot Trail endet im Ferienort **Baddeck** 22 am 1100 km² großen Bras d'Or Lake. 1893–1922 lebte hier der geniale Erfinder Alexander Graham Bell. Die **Alexander G. Bell National Historic Site** dokumentiert sein Leben und Werk (Tel. 902-295-2069; Mai–Okt. tgl. 9–17 Uhr, 7,80 $).

INFO

Destination Cape Breton

- 20 Keltic Drive | Sydney
  Tel. 902-563-4636 | 1-888-562-9848
  www.cbisland.com

HOTELS

Keltic Lodge €€€

Schönes altes Luxusresort hoch über dem Atlantik auf der Middle Head Peninsula.

- 383 Keltic In Rd. | Ingonish Beach
  Tel. 902-285-2880 | 1-800-565-0444
  www.kelticlodge.ca

Duncreigan Country Inn €€

Charmantes Inn mit großen Zimmern südlich vom Cabot Trail an der Westküste.

- Mabou | Tel. 902-945-2207
  www.duncreigan.ca

Sea Parrot Ocean View Manor €€

Das gemütliche Cape-Cod-B&B an Cape Breton Islands wildromantischen Küste bietet auch schöne Cottages und Suiten.

- 45227 Cabot Trail | Indian Brook
  Tel. 902-929-2530 | www.seaparrot.ca

VIPI Lodge €€

Urige Blockhütten für Selbstversorger am Strand; Tauchbasis, Kanuverleih und Restaurant, deutsche Leitung.

- 1489 Janvrin's Habour Rd.
  West Arichat | Janvrin's Island
  Tel. 902-226-1507 | +49 7243 69016 (in Deutschland) | www.vipilodge.com

RESTAURANT

19 km vor Cape North liegt das Fischerdorf Neil's Harbour. Hier serviert das **Chowder House** (Tel. 902-336-2463; €) neben dem Leuchtturm die beste Fischsuppe der Insel.

NEWFOUNDLAND

Cape Spear, Kanadas östlichster Ort

In der sympathischen Hauptstadt St. John's oder in einem der bunten Fischernester erlebt man die Freundlichkeit der »Newfies«, den rauen Charme der Natur in den beiden Nationalparks und auf dem Viking Trail.

Lange war der Fischfang Neufundlands Haupteinnahmequelle. Inzwischen haben Offshore-Erdöl- und Gasvorkommen die Fischerei weitgehend ersetzt und der Provinz einen Höhenflug beschert. Auch der Tourismus erlebt auf der Felseninsel trotz des relativ kurzen Sommers einen Aufschwung. Dennoch genießt man ihre einzigartige Natur oft allein. Legendär ist die Gastfreundschaft der »Newfies«, die nicht umsonst als die freundlichsten, humorvollsten Kanadier gelten.

Der Trans Canada Highway ist die Nabelschnur Neufundlands. Auf ihm reist man von Osten nach Westen, auf ihn kehrt man nach Abstechern an die Küste immer wieder zurück: Newfoundland findet am Meer statt, das felsige, dicht bewaldete Innere ist fast menschenleer.

TOUR IN DER REGION

TOUR 9

KANADAS FERNER OSTEN

ROUTE: St. John's > Bonavista Peninsula > Terra Nova N.P. > Twillingate > Grand Falls-Windsor > Deer Lake > Gros Morne N.P. > Port-au-Choix > St. Barbe > St. Anthony > L'Anse aux Meadows > St. Anthony > St. Barbe > Blanc Sablon (Labrador) > Red Bay > Blanc Sablon > St. Barbe > Deer Lake > Channel-Port-aux-Basques

KARTE: Seite 139
LÄNGE: 14 Tage/2500 km

PRAKTISCHE HINWEISE:

- Basisinfrastruktur findet man fast nur an den Küsten, d. h. lange Autofahrten und Tankstopps müssen voraussschauend geplant werden.
- Von Nova Scotia aus buchen Sie die Autofähre von North Sydney (NS) nach Port-aux-Basques (ganzjährig) oder Argentia (Mitte Juni bis Ende Sept.) frühzeitig bei Marine Atlantic (Tel. 1-800- 341-7981, www.marineatlantic.ca).
- Auch die Autofähre von St. Barbe (NF) nach Blanc Sablon (1–2-mal tgl.) an der Grenze zu Labrador sollte reserviert werden bei Labrador Marine (Tel. 709-877-2222, www.labradormarine.com).

TOUR-START:

Bevor Sie von **St. John's** 1 › S. 140 aus nach Westen aufbrechen, sollten Sie einen Abstecher nach Süden unternehmen. Auf dem rund um die **Avalon Peninsula** › S. 141 führenden Hwy. 10 erreichen Sie über Cape Spear und Petty Harbour bald das für seine Walbeobachtungstouren bekannte **Bay Bulls** › S. 142.

Danach nehmen Sie den Hwy. 1, das quer durch die Insel führende erste Teilstück des Trans Canada Highway (TCH), nach Westen. Bei Clarenville biegen Sie auf dem Hwy. 230 auf die für ihre schroffe Steilküste und hübschen Fischerhäfen berühmte **Bonavista-Halbinsel** › S. 142 ab, wo das historische Dorf **Trinity** einen Besuch lohnt. Nach diesem ersten landschaftlichen Höhepunkt kehren Sie auf den TCH zurück und erreichen alsbald den von tiefen Fjorden geprägten **Terra Nova National Park** 5 › S. 142.

Gander, einst wichtiger Zwischenstopp der ersten kommerziellen Transatlantikflüge, lassen Sie links liegen. Erst in Notre Dame Junction biegen Sie wieder zum Meer ab. Der Hwy. 340 führt Sie in ein Labyrinth aus Inseln, Buchten und Halbinseln, es geht über Brücken und Dämme von Insel zu Insel, bis **Twillingate** 6 › S. 142, Ausgangspunkt für Touren zu den Eisbergen, erreicht ist.

Später geht es auf dem TCH durch **Grand Falls-Windsor** 17 › S. 143, die einzige größere Stadt im Innern der Insel, zum schon im Westen der Insel liegenden Verkehrsknotenpunkt Deer Lake.

Hier biegen Sie auf den die raue Northern Peninsula hinaufstrebenden Hwy. 430 ab. Die als **Viking Trail** › S. 143 bekanntere Straße kurvt zunächst durch die grandiose Berg- und Fjordlandschaft des **Gros Morne National Park** 8 › S. 144, bevor sie bei **Rocky Harbour** (Park Visitor Centre) wieder das Meer erreicht. Danach führt der Viking Trail nach Norden, die Long Range Mountains rechter und den sich zunehmend verengenden St.-Lorenz-Golf linker Hand. Nach kurzer Zwischenstation in **Port-au-Choix** 9 › S. 144 schiebt sich allmählich die Küste Labradors ins Bild. Via St. Barbe erreichen Sie **St. Anthony** 10 – eine gute Basis für Besichtigungen in der Umgebung, v. a. der berühmten Wikingersiedlung **L'Anse aux Meadows** 11 › S. 144.

Die Rückfahrt nach Deer Lake dauert mindestens vier Stunden. Unterwegs bietet sich ein 1- bis 2-tägiger Abstecher nach **Labrador** an: Von **St. Barbe** verkehrt die Autofähre »MV Apollo« nach **Blanc Sablon** (Québec). Von dort führt der Hwy. 510 an hübschen kleinen Fischernestern mit englischen und französischen Namen vorbei nach **Red Bay** mit seiner National Historic Site. Dort wurde in den 1970ern eine baskische Walfangstation mitsamt Friedhof und Schiffswracks aus dem 16. Jh. gefunden, die heute in einem Museum zu bestaunen ist (www.pc.gc.ca; Juni–Okt. tgl. 9 bis 17.30 Uhr, 7,80 $). Zur Übernachtung vor der Rückfahrt empfiehlt sich östlich von Blanc Sablon das Northern Light Inn (L'Anse au Clair,

Tel. 709-931-2332, www.northernlightinn.com; €€). Wieder in Newfoundland, geht es am nächsten Tag auf dem Viking Trail via Deer Lake nach **Channel-Port-aux-Basques,** von wo Sie die Autofähre zurück nach Nova Scotia nehmen.

WICHTIGE ADRESSEN

- www.newfoundlandlabrador.com, www.destinationlabrador.com: Offizielle Websites zur Provinz bzw. zu Labrador.
- www.vikingtrail.org: Offizielle Website zum Viking Trail mit umfassenden Infos und Links auf interaktiven Karten.

TOUR IN NEWFOUNDLAND

TOUR 9

KANADAS FERNER OSTEN

St. John's > Bonavista Peninsula > Terra Nova National Park > Gander > Twillingate > Grand Falls > Deer Lake > Gros Morne National Park > Port-au-Choix > St. Barbe > St. Anthony > L'Anse aux Meadows > St. Anthony > St. Barbe (Fähre) > Blanc Sablon (Labrador) > Red Bay > Blanc Sablon > St. Barbe > Deer Lake > Channel-Port-aux-Basques

UNTERWEGS IN NEWFOUNDLAND

ST. JOHN'S 1 ★ d4

In der Hauptstadt (214 000 Einw.) von Neufundland ist man Dublin näher als Vancouver. Auch kulturell ist die Nähe zur Alten Welt spürbar. St. John's verwinkelte Altstadt ist in Stufen rund um das Hafenbecken geschichtet, vor dem Atlantik durch bis zu 150 m hohe Felsen geschützt.

Einen herrlichen Blick über Küste und Stadt hat man vom **Signal Hill** (170 m), der die Hafeneinfahrt bewacht. Zwar führt eine Straße dorthin, doch schöner sind die Spazierwege hinauf. Ein Museum im **Cabot Tower** auf dem Gipfel erinnert an den italienischen Physiker Guglielmo Marconi, der hier 1901 die ersten drahtlos gesendeten Morsezeichen aus England empfing. Schmale Pfade führen vom Signal Hill hinab zum Atlantik, auf der einen Seite zum pittoresken Fischerdorf **Quidi-Vidi** in einer engen Felsbucht. Die lokale Brauerei braut hier Bier aus Eisbergwasser (www.quidividibrewery.ca). Auf der anderen Seite geht es zurück nach St. John's.

Dort verlaufen parallel zum Hafenbecken die beiden ältesten Straßen Nordamerikas, die **Duckworth Street** und die bereits 1583 beschriebene **Water Street.** Lagerhäuser aus dem 19. Jh., moderne Bürobauten, Treppen von einer Straße zur anderen, Lastkräne im Hafen. »What you see is what you get« – St. John's ist ehrlich und hübsch-hässlich, wirkt tatsächlich ein wenig so wie das irische Dublin. Das Museum **The Rooms** hoch über der Stadt zeigt die interessante Sammlung des Provincial Museum zur Natur-, Kunst- und Kulturgeschichte Neufundlands. Allein der Blick vom schönen Café im 4. Stock auf den Hafen lohnt den Besuch (9 Bonaventure Ave., www.therooms.ca; Mai–Sept. Mo–Sa 10 bis 17, Mi bis 21, So 12–17 Uhr, Okt.–April Mo geschl., 10 $).

INFO

Destination St. John's

- 211B Lemarchant Rd. | 1-877-739-8899
  www.destinationstjohns.com

HOTELS

Leaside Manor €€–€€€

Luxuriöse viktorianische Villa mit neun herrlichen, individuell eingerichteten Suiten. Romantisch, sehr gemütlich.

- 39 Topsail Rd.
  Tel. 709-722-0387 | 1-877-807-7245
  www.leasidemanor.com

Murray Premises €€–€€€

Urgemütliches, in Holz und Ziegel schwelgendes Boutiquehotel in altem Lagerhaus am Hafen. Gutes Restaurant.

- 5 Beck's Cove
  Tel. 709-738-7773 | 1-866-738-7773
  www.murraypremiseshotel.com

Hometel on Signal Hill €–€€

Hübsche bunte Zimmer in umgebauter alter Häuserzeile am Signal Hill.

- 2 St. Joseph's Lane | Tel. 709-739-7799
  www.hometel.ca

RESTAURANTS

Raymonds €€€

Fangfrischer Fisch, Seafood, Lamm: Hier herrscht der in St. John's geborene Jeremy Charles über eines der wohl besten Restaurants in Kanada. So-Mo geschl.

- 95 Water St. | Tel. 709-579-5800

Portobello's €€–€€€

Steaks und frisches Seafood mit Blick über den Hafen auf die Narrows: Die großen Fenster sind hier das Tüpfelchen auf dem gastronomischen »i«.

- 115 Duckworth St. | Tel. 709-579-7050

NIGHTLIFE

Erin's Pub

Typisch irischer Pub mit Livemusik.

- 186 Water St. | Tel. 709-722-1916

Fat Cat Blues Bar

Newfoundlands Institution für Live-Blues und gutes *on the rock* gebrautes Bier.

- George St. | Tel. 709-739-5554
  www.fatcatbluesbar.com

AKTIVITÄTEN

Stan Cook Sea Kayak Adventures

Ein- und mehrtägige Seekajaktouren zu Walen, Eisbergen und Leuchttürmen; halb- und ganztägige Küsten-Hikes. 65 km südl. von St. John's. > **mehr S. 12 Punkt 7**

- Harbour Rd. | Cape Broyle
  Tel. 709-579-6353 | 1-888-747-6353
  www.stancook.ca

AVALON PENINSULA

c/d3/4

St. John's liegt auf der Avalon-Halbinsel, mit Felsenküsten und kargem, landwirtschaftlich kaum nutzbaren

GRATIS ENTDECKEN

- Hier ist immer etwas los: Am quirlig-bunten **Yonge-Dundas Square** in Downtown **Toronto** gibt es Gratis-Konzerte, -Events oder -Filme. > S. 59
- Ein Erlebnis ist es, wenn Schiffe am **Peterborough Lift Lock** per »Fahrstuhl« 20 m Höhenunterschied überwinden. Das historische Schiffshebewerk am Trent-Severn-Waterway gilt weltweit als das größte seiner Art. > S. 76
- Im **Killarney Provincial Park** öffnet sich ein grandioses Panorama weit über die Georgian Bay am Ende des Rundweges **Granite Ridge Trail.** > S. 93
- Von der Terrasse des Chateau-Belvedere auf dem **Mont Royal** bietet sich ein herrlicher Blick über Montréals Centre-Ville und St.-Lorenz-Strom zu den Hügeln der Montéregiennes. > S. 100
- Beim Blick vom **Mont Ste-Anne** auf der Gaspé-Halbinsel ähneln Percé und Île-Bonaventure einer reizenden Puppenstube. > S. 119
- Das beste Foto vom **Cabot Trail** wird von einem Aussichtspunkt 15 Autominuten nördlich von Chéticamp geschossen. > S. 135
- Wer einmal an Nordamerikas östlichsten Punkt gewesen sein will, sollte **Cape Spear** auf der Avalon Peninsula ansteuern – und dazu früh aufstehen: Der Sonnenaufgang ist spektakulär und gratis. > S. 142

Inneren. Im wahrsten Sinne herausragend ist das vom Signal Hill › S. 140 aus zu sehende **Cape Spear,** Nordamerikas östlichste Punkt. Ein Spektakel für Frühaufsteher ist hier bei günstiger Witterung der Sonnenaufgang.

Fischernester wie das pittoreske **Petty Harbour** schmiegen sich weiter südlich fotogen an die Felsküste (www.pettyharbourmaddoxcove.ca). Von **Bay Bulls** aus starten Bootstouren zum **Witless Bay Ecological Reserve** 2. Die drei unbewohnten Felseninseln werden im Sommer zu Kolonien von Papageientauchern und anderen Seevögeln; beim Whale Watching zeigen sich vor allem Finn-, Buckel- und Minkewale (Gatherall's Puffin & Whale Watch, Northside Rd., Tel. 709-334-2887, www.gatheralls.com; Mai bis Okt., ca. 90 Min.).

BONAVISTA PENINSULA c/d3

An den ausgefransten Rändern der Bonavista-Halbinsel klammern sich winzige Fischerdörfer fest. Zu diesen Outports gehört das historische **Trinity** 3, das auch als »schönstes Dorf Newfoundlands« ausgezeichnet wurde. Viele seiner sorgfältig gepflegten Holzhäuser stehen unter Denkmalschutz.

In **Bonavista** 4 dagegen dominiert der Fischeralltag. Doch allein das 1843 errichtete, rot-weiße Cape Bonavista Lighthouse und der Blick hinaus aufs Meer lohnen den Weg hierher.

TERRA NOVA NATIONAL PARK 5 c3

Der 400 km² große Nationalpark dehnt sich entlang des Trans Canada Highway aus: tiefe Buchten mit Steilküsten, fingerähnliche, weit in die Bonavista Bay ragende Halbinseln, Seen, dichte Wälder. Wanderer können hier mit etwas Glück Adler, Luchse und Elche beobachten. Ein Visitor Centre befindet sich in Salton's Brook, Kanus und Kajaks werden in Sandy Pond vermietet.

INFO

Terra Nova National Park
Visitor Centre Mitte Mai–Mitte Okt. 10 bis 16, Ende Juni–Anf. Sept. bis 18 Uhr. 5,80 $.
• Glovertown | Tel. 709-533-2801
1-800-213-7275 | www.pc.gc.ca

NOTRE DAME BAY b/c2

Das nächste Naturschauspiel bietet die von Hunderten Eilanden übersäte Notre Dame Bay. An ihrer Ostseite versperrt ein wahres Insellabyrinth den Blick aufs offene Meer. Ganz im Osten vorgelagert liegt **Fogo Island,** das einen spannenden Wandel von einem Eiland mit kriselnder Fischerei zur Künstlerinsel erfahren hat › Seitenblick S. 28.

Im Fischerhafen **Twillingate** 6 (www.twillingatetourism.ca) am Ende der Straße künden schöne alte Häuser von besseren Zeiten, als der Ort noch Zentrum der Labrador-Fischerei war. Viele Einheimische haben umgesattelt und betreiben kleine B&Bs oder fahren Touristen

Brandungsumtoste zerklüftete Küstenlandschaft auf der Bonavista-Halbinsel

hinaus zu den Walen. Größte Attraktion sind aber Eisberge, die hier von Ende Mai bis Ende Juli vor der Küste auf der **Iceberg Alley** gen Süden treiben. Eine Handvoll Veranstalter bietet Eisberg- und Walbeobachtungstouren an, wie Twillingate Adventure Tours (128 Main Street, Tel. 1-888-447-8687, www.twillingateadventuretours.com; mit eigenem Seafood Restaurant, €).

> mehr S. 15 Punkt 22

GRAND FALLS-WINDSOR 7 b/c3

Die ziemlich nüchterne Doppelstadt lohnt einen Zwischenstopp wegen des **Mary March Provincial Museum,** das zeigt, was von der Kultur der ausgerotteten Beothuk First Nations noch erhalten ist: zerfallende Mokassins, steinerne Pfeilspitzen und die tragische Geschichte der beiden letzten Beothuk-Frauen – bis 1769 war in Newfoundland die Tötung eines Beothuk legal (24 St. Catherine St., Tel. 709-292-4522; Ende April bis Ende Sept Mo–Sa 9–16.30 Uhr, 2,50 $).

VIKING TRAIL ★

Im Service-Zentrum Deer Lake zweigt der als Viking Trail berühmte Highway 430 vom Trans Canada Highway ab und strebt nach Norden. Was nun folgt, ist Newfoundland »at it's best«: Zwei UNESCO-Welterbestätten, eine grandios-raue Landschaft, Geschichten von baskischen Walfängern, bretonischen Fischern und grönländischen Nordmännern, und last but not least eine Kette hemdsärmeliger Fischernester – der Charme des Viking Trail ist rau, aber herzlich.

GROS MORNE NATIONAL PARK 8 11 a/b2

Hinter Deer Lake wendet sich der Viking Trail in die urtümliche Bergwelt des 1800 km² großen Nationalparks Gros Morne hinein. Wegen seiner geologischen Vielfalt, wie dem mondlandschaftartigen 600 m hohen Plateau der Tablelands oder dem Fjord der Bonne Bay, gehört diese Wildnis zum UNESCO-Weltnaturerbe. An der Bonne Bay liegen die zwei hübschen kleinen Orte **Woody Point** und **Norris Point**, wo man auch Unterkünfte findet.

Auf gut markierten Wanderwegen, am besten vom Besucherzentrum in **Rocky Harbour** aus, ist der oft bis Ende Juni schneebedeckte **Gros Morne** (806 m) besteigbar.

Vom Gipfel bietet sich ein Postkartenblick auf den **Western Brook Pond:** das mächtige vom St.-Lorenz-Strom im Laufe der Erdgeschichte abgeschnittene Tor, das sich 25 km hinter Rocky Harbour in den Long Range Mountains rechts auftut. Nach einer kurzen Wanderung durch Marschen- und Sumpfgebiet ereicht man ein Motorboot, das mehrmals täglich Besucher in den spektakulären 16 km langen Fjord mit bis zu 700 m hohen Felswänden fährt. > mehr S. 13 Punkt 12

INFO

Gros Morne National Park Visitor Centre

Mitte Mai–Ende Okt. 9–17, Ende Juni–Anf. Sept. 8–20 Uhr. Eintritt 9,80 $.

- Rocky Harbour | Tel. 709-458-2417
  www.pc.gc.ca

HOTEL

Aunt Jane's Place B & B €

Charmantes kleines B & B direkt am Ufer der Bonne Bay, mit gemütlichen Zimmerchen und Restaurant gegenüber.

- Woody Point | Tel. 709-453-2485
  www.grosmorneescapes.com

RESTAURANT

Seaside Restaurant €–€€

Frisches Seafood mit Blick auf die Bucht, in der sich ab und zu ein paar Wale tummeln. Eines der besten Restaurants im Inselwesten. > mehr S. 14 Punkt 16

- Trout River | Tel. 709-451-3461

PORT AU CHOIX 9 b2

Am Ende einer schmalen Landzunge liegt das Hafenstädtchen, an dessen Rand die **Port au Choix National Historic Site** einen Besuch lohnt. Eine spannende Ausstellung zeigt hier gefundene Artefakte von vier prähistorischen Kulturen (Tel. 709-861-3522, www.pc.gc.ca; Juni bis Okt., tgl. 9–17 Uhr, 7,80 $).

RESTAURANT

Anchor Café €

Dank seiner raffinierten Seafood-Gerichte eine kulinarische Bastion auf der Fish-'n'-Chips -Insel.

- 79 Fisher St. | Port-au-Choix
  Tel. 709-861-3665

L'ANSE AUX MEADOWS 12 c2

Bei Eddie's Cove verlässt die Straße die Küste und strebt nordostwärts nach **St. Anthony** 10. Der Fischerhafen ist das wirtschaftliche Zentrum dieser Region – und die Stadt mit der einzigen Ampel im Umkreis von 400 Kilometern. Tolle Trails beginnen nur ein paar Meter vom Lightkeeper's Seafood Restaurant entfernt am **Fishing Point:** Der beste besteht aus 476 Stufen hinauf zum Gipfel, von wo aus der Blick schier unvergesslich ist!

Am Nordende des **Viking Trail** › S. 143 liegt der unscheinbare Ort **L'Anse aux Meadows** 11 in einem Labyrinth aus Inseln, Halbinseln und Buchten, in denen oft Eisberge liegen. Berühmt wurde das Fischerdorf 1960, als hier ein Wikingerlager entdeckt wurde. 1978 wurde die Stätte zum UNESCO Weltkulturerbe geadelt. Um 1000 n. Chr. siedelten hier Wikinger aus Grönland, drei der identifizierten Gebäude wurden aus Holz, Torf und Grassoden nachgebaut. Im gut gestalteten Informationszentrum hoch über der Bucht kann man das Abenteuer der Entdeckung nacherleben (www.pc.gc.ca; Juni–Okt. tgl. 9 bis 18 Uhr, 11,70 $).

HOTELS

Snuggle Inn Cottages €€
Heimeliges B & B, farbenfrohe Zimmer mit Hafenblick.
- 7 Gulley Bank Rd. | St. Anthony
  Tel. 709-454-2408
  www.snuggleinn.ca

Fishing Point B & B €–€€
Urgemütliches B & B mit drei Zimmern und schönem Hafenblick.
- 1 Fishing Point Rd. | St. Anthony
  Tel. 709-454-3117

RESTAURANT

Lightkeeper's Seafood Restaurant €–€€
Deftige Fisch- und Fleischgerichte auf einer Klippe über der Hafeneinfahrt. Wale weit draußen gibt es als Zugabe – Fernglas nicht vergessen!
- Fishing Point Rd. | St. Anthony
  Tel. 709-454-4900

»Wikingerin« in L'Anse aux Meadows

EXTRA-TOUREN

Kanutour durch das Farbenmeer des Indian Summer

TOUR 10

DER NABEL DER NATION: DREI WOCHEN ONTARIO

VERLAUF: Toronto > Niagara-on-the-Lake > Niagara Falls > St. Jacobs > Bruce Peninsula > Manitoulin Island > Killarney Provincial Park > Algonquin Provincial Park > Ottawa > Upper Canada Village > Thousand Islands > Kingston > Kawartha Lakes > Toronto

KARTE: Siehe auch Faltkarte / Klappe hinten
DISTANZEN: Ca. 2000 km. **Toronto** > **Niagara Falls** 90 km; **Niagara Falls** > **St. Jacobs** 160 km; **St. Jacobs** > **Bruce Peninsula** 260 km; **Bruce Peninsula** > **Manitoulin Island** 110 km; **Manitoulin Island** > **Killarney Provincial Park** 220 km; **Killarney Provincial Park** > **Algonquin Provincial Park** 280 km; **Algonquin Provincial Park** > **Ottawa** 280 km; **Ottawa** > **Upper Canada Village (Morrisburg)** 125 km; **Morrisburg** > **Thousand Islands** 110 km; **Thousand Islands** > **Kingston** 40 km; **Kingston** > **Kawartha Lakes (Peterborough)** 180 km; **Peterborough** > **Toronto** 140 km
VERKEHRSMITTEL: Die Rundfahrt ist als Tour mit Auto oder Wohnmobil angelegt. Busse befahren nur Teilstücke der Route, die Züge von VIA Rail verkehren zwischen Toronto, Niagara Falls, Kingston und Ottawa.

Nach der Ankunft in **Toronto** > S. 56 sollten Sie sich zwei Tage in der größten Stadt Kanadas gönnen. Am Morgen des dritten Tages geht es dann auf dem Hwy. 450 durch die Ballungsgebiete am Lake Ontario über **Niagara-on-the-Lake** > S.74 zu den **Niagara Falls** > S. 75 in der gleichnamigen Stadt. Tags darauf führt die Reise auf den Highways 450, 403 und 6 nach **St. Jacobs** > S. 87 nordwestlich von Kitchener. Tag 5 erlebt den Aufbruch gen Norden: Von der lieblichen Landschaft der Altmennoniten und Amischen geht die Reise durch landwirtschaftlich geprägtes Land zum **Lake Huron**, wo hübsche kleine Orte wie **Bayfield** und **Goderich** > S. 89 warten. Gemütliche Pensionen und schöne Sandstrände lohnen ein, zwei Tage Nichtstun.

Am siebten Tag brechen Sie frühmorgens zur **Bruce Peninsula** > S. 90 auf. Nach einer Wanderung im **Bruce Peninsula National Park** oder einer Bootsfahrt durch den **Fathom Five National Marine Park** nehmen Sie in Tobermory die Fähre nach **Manitoulin Island** > S. 90. Die Heimat der Ojibwa Fitst Nations lohnt zwei Tage. Tag 9 ist Reisetag. Sie verlassen die Insel auf dem Hwy. 6. Bei Espanola folgen Sie dem Trans Canada Highway bis nach Sudbury. Dort nehmen Sie den nach Süden strebenden Hwy. 69, von dem etwas später der Hwy. 637 zum **Killarney Provincial Park** › S. 92 abzweigt. Der Ort **Killarney** am Ufer der Georgian Bay ist zwei, drei Tage Ihre Basis für Wanderungen und Paddeltouren.

Danach setzen Sie Ihre Reise auf dem Hwy. 69 fort und biegen kurz hinter Horseshoe Lake auf den Hwy. 141 ab. Östlich von Huntsville erreichen Sie am Ende der zweiten Woche via Hwy. 60 den **Algonquin Provincial Park** › S. 84. Gönnen Sie sich hier zwei Tage mit Paddeln oder Wandern, bevor Sie auf den Hwys. 60 und 17 durch das schöne Ottawa Valley nach **Ottawa** › S. 80 fahren; hier genügt eine Übernachtung. Am Nachmittag des 16. oder 17. Tages verlassen Sie die Hauptstadt in Richtung Süden und besuchen die idyllischen, am historischen Rideau Canal gelegenen Orte **Smith Falls** und **Merrickville** › S. 71. Die letzten drei, vier Tage stehen im Zeichen der Wasserwege Ontarios: Vom **Upper Canada Village** › S. 80 geht es am St.- Lorenz-Strom entlang nach **Gananoque,** dem Ableger für Dampferfahrten durch die **Thousand Islands** › S. 79. Nachmittags erreichen Sie **Kingston** › S. 77, wo Besichtigung und Übernachtung anstehen. Auf dem Hwy. 401 geht es tags darauf Richtung Toronto. Bei Port Hope lohnt sich noch ein Abstecher via Hwy. 28 nach **Peterborough** › S. 76, dem Hub für (Haus-) Bootstouren auf den **Kawartha Lakes** und dem **Trent-Severn-Waterway,** bevor Sie nach ein bis zwei Tagen Sightseeing nach **Toronto** zurückkehren.

Blick über den frostigen Lake Ontario auf die Skyline von Toronto

TOUR 11

KANADAS GRÜNDERVÖLKER: ONTARIO UND QUÉBEC IN ZWEI BIS DREI WOCHEN

VERLAUF: Toronto > Kawartha Lakes > Kingston/Thousand Islands > Upper Canada Village > Montréal > Parc national de la Mauricie > Québec City > Montréal > Ottawa > Algonquin Provincial Park > Muskoka Lakes > Midland > Toronto

KARTE: Siehe auch Faltkarte / Klappe hinten
DISTANZEN: Ca. 2000 km. **Toronto** > **Peterborough** 140 km; **Peterborough** > **Kingston** 180 km; **Kingston** > **Upper Canada Village (Morrisburg)** 140 km; **Morrisburg** > **Montréal** 155 km; **Montréal** > **Parc national de la Mauricie** 150 km; **Parc national de la Mauricie** > **Québec City** 130 km; **Québec City** > **Montréal** 250 km; **Montréal** > **Ottawa** 190 km; **Ottawa** > **Algonquin Provincial Park** 280 km; **Algonquin Provincial Park** > **Muskoka Lakes** 120 km; **Muskoka Lakes** > **Midland** 85 km; **Midland** > **Toronto** 150 km
VERKEHRSMITTEL: Die Rundfahrt ist als Tour mit Auto oder Wohnmobil angelegt. Die Züge von VIA Rail bedienen mehrmals täglich den »Corridor« genannten Raum zwischen Toronto, Montréal und Québec City.

Gönnen Sie sich nach zwei Tagen in **Toronto** › S. 56 zwei, drei faule Tage in einem Hausboot auf den **Kawartha Lakes** › S. 76. Anschließend setzen Sie die Reise auf dem Hwy. 401 nach **Kingston** › S. 77 fort. Tag 5 oder 6 sieht die Weiterfahrt auf dem Hwy. 401, den St.-Lorenz-Strom stets zur Rechten, nach Montréal vor, mit Zwischenstopps in den **Thousand Islands** › S. 79 und im **Upper Canada Village** › S. 80. Genießen Sie zwei Tage lang nach **Montréal** › S. 100 die zweitgrößte, spritzigste Stadt des Landes, bevor Sie sich auf dem Hwy. 40 zur Provinzhauptstadt Québec begeben und dabei einen Stopover im schönen **Parc national de la Mauricie** › S. 108 einlegen.

Québec › S. 108, die alte Wiege Französisch-Nordamerikas mit seinem Wahrzeichen, dem Hotel Château Frontenac, verlangt zwei Tage Sightseeing, danach kehren Sie über Montréal nach Ontario zurück. Die kanadische Hauptstadt **Ottawa** › S. 80 erreichen Sie auf den Hwys. 40 und 417. Am frühen Nachmittag des zehnten, elften Tages reisen Sie auf den Hwys. 17 und 60 durch das Ottawa Valley – in **Beachburg** › S. 71 lohnt ein Stopp zum Rafting auf dem Ottawa River – Richtung **Algonquin Provincial Park** › S. 84. Hier verbringen Sie zwei, drei Tage mit Wandern oder Paddeln. Danach führt Sie der Hwy. 60 aus dem Park hinaus und über Huntsville ins

Gebiet der **Muskoka Lakes** › S. 85. Bleiben Sie zwei, drei Tage in **Gravenhurst,** um von hier aus einige der zahlreichen Seen zu erkunden. Nach Toronto sind es jetzt nur noch zwei Autostunden nach Süden – Zeit genug für einen letzten Abstecher vom Hwy. 11 auf den Hwy. 12, der zum exzellenten Museumsdorf **Ste-Marie among the Hurons** › S. 86 bei **Midland** führt.

TOUR 12

VOM STROM ZUR SEE: DREI WOCHEN QUÉBEC UND DIE MARITIMES

VERLAUF: Montréal › Québec City › Charlevoix › Tadoussac › Rivière-du-Loup › Fredericton › Saint John › Digby › Kejimkujik National Park › Halifax › Cape Breton Island › Ft. Beauséjour (Aulac) › Moncton › Acadian Peninsula › Matapédia Valley › Matane › St.-Lorenz-Strom (Südküste) › Québec City › Montréal

KARTE: Siehe auch Faltkarte / Klappe hinten
DISTANZEN: Ca. 3200 km. **Montréal** › **Québec City** 250 km; **Québec City** › **Charlevoix** 150 km; **Charlevoix** › **Tadoussac** 80 km; **St. Simèon** › **Rivière-du-Loup** 22 km; **Rivière-du-Loup** › **Fredericton** 360 km; **Fredericton** › **Saint John** 110 km; **Saint John** › **Digby** 70 km; **Digby** › **Halifax** 210 km; **Halifax** › **Cape Breton Island (Baddeck)** 330 km; **Baddeck** › **Ft. Beauséjour (Aulac)** 340 km; **Aulac** › **Moncton** 60 km; **Moncton** › **Acadian Peninsula (Caraquet)** 220 km; **Acadian Peninsula (Caraquet)** › **Matapédia Valley (Matane)** 270 km; **Matapédia Valley (Matane)** › **Rivière-du-Loup** 200 km; **Rivière-du-Loup** › **Québec City** 200 km; **Québec City** › **Montréal** 250 km
VERKEHRSMITTEL: Die Rundfahrt ist als Tour mit Auto oder Wohnmobil angelegt. Die Autofähren St. Siméon – Rivière-du-Loup (www.traverserdl.com) und Saint John – Digby (www.ferries.ca) sollten im Voraus gebucht werden.

Nach zwei Tagen in **Montréal** › S. 100 beginnt die Tour mit einer Übernachtung im romantischen **Québec City** › S. 108. Am Morgen des vierten Tages geht es auf der Rte. 138 in die Region **Charlevoix** › S. 113 an der Nordküste des St.-Lorenz-Stroms. Gönnen Sie sich hier zwei Tage mit Wandern und Walbeobachtung, bevor Sie mit der Autofähre nach **Rivière-du-Loup** › S. 114 übersetzen. Von hier aus reisen Sie gegen Ende der ersten Woche auf der Rte. 185/Hwy. 2 entlang dem Saint John River nach **Fredericton.** Die kleine, englisch anmutende Hauptstadt New Brunswicks ist ein netter Stopover auf dem Weg zum Atlantik. Woche zwei beginnt mit einer Kurzbesichtigung der Altstadt von **Saint John** › S. 125, danach geht es mit der Autofähre nach

Digby am anderen Ufer der Bay of Fundy. Nova Scotias Hauptstadt **Halifax** › S. 127 lohnt zwei Nächte, danach setzen Sie die Reise auf den Hwys. 102 und 104 über Truro nach **Cape Breton Island** › S. 134 fort. Für das »Kronjuwel« der Maritimes sollten Sie wenigstens drei Tage einplanen – einen Tag nimmt allein die Umrundung des Inselnordens auf dem berühmten **Cabot Trail** › S. 134 in Anspruch, kombinierbar auch mit dem **Ceilidh Trail** (Route 19), einer weiteren Panoramastraße im Inselwesten (www.cbisland.com).

Am 13. oder 14. Tag treten Sie die Rückreise von Cape Breton Island zum St.-Lorenz-Strom an, die ca. zwei Tage dauert. Bleiben Sie dabei auf dem Hwy. 104 Richtung New Brunswick und genießen Sie mittags den Blick vom **Ft. Beauséjour** › S. 131 auf die Bay of Fundy und etwas später das spektakuläre Spiel der Gezeiten im **Rocks Provincial Park** › S. 131. **Moncton,** die Hauptstadt der französischsprachigen Akadier, bietet sich für die Übernachtung an. Hier ist der zweimal täglich stromaufwärts fließende Petitcodiac River – bei Flut drückt die Bay of Fundy ihr Wasser landeinwärts – als *tidal bore* die Attraktion. Tags darauf geht es auf dem die **Acadian Peninsula** umrundenden Hwy. 11 weiter. Kleine Häfen und Strandorte wie Parlee Beach, Shediac, Bouctouche und Caraquet sind nette Abstecher mit Bademöglichkeiten. Kurz hinter **Campbellton** beginnt die Provinz Québec.

Auf der nun als Rte. 132 ausgewiesenen Nationalstraße geht es durch das ländliche **Matapédia Valley** in die Hafenstadt **Matane** › S. 117. Für die jetzt der Südküste des St. Lorenz folgende, letzte Etappe dieser Rundfahrt sollte man zwei, drei Tage einkalkulieren. Allein der Besuch der unberührten Inselwelt der **Iles Pélérins** › S. 114 vor Rivière-du-Loup nimmt einen ganzen Tag in Anspruch. Danach geht es wieder zurück nach **Montréal.**

Der Cabot Trail gehört zu den Traumstraßen der Welt

INFOS VON A–Z

ÄRZTLICHE VERSORGUNG

Die ärztliche Versorgung in Kanada ist sehr gut und entspricht jener in Mitteleuropa. Adressen von Krankenhäusern und Fachärzten findet man in den *yellow pages* bzw. *pages jaunes*. Die Notstationen *(emergencies/urgences)* der Krankenhäuser haben 24 Std. geöffnet.

Medizinische Leistungen müssen sofort in bar oder per Kreditkarte bezahlt werden. Da dies teuer werden kann und die gesetzlichen Krankenkassen für die Kosten nicht aufkommen, empfiehlt sich der Abschluss einer Reisekrankenversicherung inklusive Rückführung bei medizinischer Notwendigkeit. Ständig benötigte Medikamente sollten mitgeführt werden. Manche Arzneien, die in Europa rezeptfrei sind, sind in Kanada verschreibungspflichtig. Medikamente gibt es in den *pharmacies*, die oft in Supermärkten und Drogerien untergebracht sind.

DIPLOMATISCHE VERTRETUNGEN

- **Deutsche Botschaft,** 1 Waverley St., Ottawa, Ont. K2P 0T8, Tel. 613-232-1101, Fax 613-780-1527, www.ottawa.diplo.de
- **Österreichische Botschaft,** 445 Wilbrod St., Ottawa, Ont. K1N 6M7, Tel. 613-789-1444, Fax 613-789-3431, www.austro.org
- **Schweizerische Botschaft,** 5 Marlborough Ave., Ottawa, Ont. K1N 8E6, Tel. 613-235-1837, Fax 613-563-1394, www.eda.admin.ch/canada

EINREISE

Deutsche, Schweizer und Österreicher benötigen für einen Aufenthalt bis zu sechs Monaten einen Reisepass mit entsprechender Gültigkeit sowie die elektronische Einreisegenehmigung ETA *(Electronic Travel Authorization)*, die vor der Einreise beantragt werden muss. Das Verfahren ist einfach und erfolgt online (www.cic.gc.ca/english/visit/eta.asp). Zur Beantragung erforderlich sind die Reisepass-Angaben,eine E-Mail-Adresse und eine Kreditkarte zur Zahlung der Gebühr von 7 $). Die 5 Jahre gültige ETA erhält man dann in wenigen Tagen. Endgültig genehmigt jedoch das kanadische Grenzpersonal die Einreise und die Aufenthaltsdauer. Dabei kann das Vorzeigen eines Rückflugtickets und der Nachweis ausreichender finanzieller Mittel die Abfertigung beschleunigen.

FEIERTAGE

New Year's Day (1. Jan.), Good Friday (Karfreitag), Easter Monday (Ostermontag), Victoria Day (Mo vor dem 25. Mai), St-Jean-Baptiste (24. Juni, nur in Québec), Canada Day (1. Juli), Labour Day (1. Mo im Sept.), Thanksgiving (Erntedankfest, 2. Mo im Okt.), Christmas Day (25. Dez.), Boxing Day (26. Dez.). Daneben gibt es weitere, auf einzelne Provinzen beschränkte Feiertage.

GELD & DEVISEN

Die Währungseinheit ist der Kanadische Dollar (can$, CAD) = 100 Cent (c).

Im Umlauf ist Münzgeld zu 1 *(penny, sous)*, 5 *(nickel)* und 25 *(quarter)* Cents sowie 1 *(loonie)* und 2 *(toonie)* Dollar.

URLAUBSKASSE

• Tasse Kaffee:	2,50 €
• Softdrink:	2,50 €
• Glas Bier:	5 €
• Hamburger:	5 €
• Kugel Eis:	2,20 €
• Taxifahrt (pro km):	0,80 €
• Mietwagen/Tag:	ab 35 €

Banknoten kursieren im Wert von 5, 10, 20, 50 und 100 can$.

Die Ein- und Ausfuhr von Landes- und Fremdwährung unterliegt keinen Beschränkungen. Kreditkarten (z. B. Visa, Mastercard) gehören zum Alltag. Vielerorts kann man auch Bargeld per Karte (mit Maestro-Symbol) und PIN am Geldautomaten ziehen.

INFORMATION

Für Informationen zu bestimmten Zielgebieten kann man sich an die Tourismusbehörden der Provinzen oder die regionalen Fremdenverkehrsämter (in Québec: »atr«) wenden. Diese versenden auch oft sehr gutes Informationsmaterial bzw. stellen dies auf ihren Websites zum Download bereit.

- **Destination Canada,** 800–1045 Howe St., Vancouver, BC V6Z 2A9, Canada, http://de.canada.travel
- **Ontario Travel,** 10 Dundas St. East, Suite 900, Toronto, ON M7A 2A1, www.ontariotravel.net
- **Tourisme Québec,** 1255 rue Peel, bureau 100, Montréal, QC H3B 4V4, Tel. 418-643-5959, 1-800-482-2433, www.quebecoriginal.com
- **Tourism New Brunswick,** P.O. Box 6000, Fredericton, NB E3B 5H1, Tel. 1-800-561-0123, www.tourismnewbrunswick.ca
- **Tourism Nova Scotia,** PO Box 667, 8 Water St., Windsor, NS B0N 2T0, Tel. 902-798 6700, 1-800-565-0000, www.novascotia.com
- **Tourism PEI,** P.O. Box 940, Charlottetown, PEI C1A 7M5, Tel. 902-437-8570, 1-800-463-4734, www.tourismpei.com
- **Newfoundland & Labrador Tourism,** P.O. Box 8700, 100 Prince Philip Dr., St. John's, NL A1B 4J6, Tel. 709-729-2830, 1-800-563-6353, www.newfoundlandlabrador.com

KLEIDUNG

Außer in gehobenen Restaurants und Hotels kann bequeme Freizeitkleidung überall getragen werden. Beim Wandern und Campen gehören weit geschnittene Hemden und Hosen, Pullover, feste, knöchelhohe Schuhe und Regenschutz ins Gepäck. Anfang Juni herrscht in den Wäldern von Ontario, Québec und New Brunswick eine gut 2-wöchige Mückenplage. Der beste Moskitoschutz ist in den Outfitterläden bzw. *pourvoiries* vor Ort erhältlich. Lange weite Kleidung ist hilfreich.

MASSEINHEITEN

Kanada hat zwar längst offiziell auf das metrische System umgestellt, aber Entfernungen werden vielerorts, v. a. in kleineren Orten und abgelegenen Gebieten, noch immer in foot (1 ft = 0,35 m) und miles (1 mi = 1,6 km), Mengen in pints (1 pt = 0,47 l) und gallons (1 gal = 3,79 l), Gewichte in pounds (1 lb = 453,6 g) angegeben.

NETZSPANNUNG

110 Volt/60 Hertz Wechselstrom. Alle mitgenommenen Elektrogeräte müssen umschaltbar sein. Den Adapter kann man schon zu Hause besorgen.

NOTRUF

Polizei und Rettungsdienste sind unter Tel. »0« (Operator, Vermittlung) und »911« zu erreichen.

ÖFFNUNGSZEITEN

Es gibt kein Ladenschlussgesetz, die Geschäftszeiten werden deshalb recht unterschiedlich gehandhabt.

- **Geschäfte:** generell 9/10–18 Uhr, Do/Fr bis 21 Uhr, Sa/So 12–17 Uhr, Shopping Malls und Kaufhäuser sind häufig am So geschlossen.
- **Banken:** Mo–Fr 10–16/16.30 Uhr, in Großstädten z. T. auch Sa vormittags.

- **Postämter:** Mo–Fr 9–17.30 Uhr geöffnet. Briefmarken sind auch in Hotels und Andenkenläden erhältlich.

SICHERHEIT

Die Kriminalitätsrate in Kanada ist niedrig, die Sicherheit in den Großstädten mit der in Mitteleuropa vergleichbar.

Zu gefährlichen Situationen kann Selbstüberschätzung führen: Mehrtägige Touren in die Wildnis sollte man bei geringer Outdoor-Erfahrung nur mit Guide unternehmen.

STEUERN

In Kanada werden generell alle Preise vor Steuern angegeben. Mit der *Goods and Services Tax* (GST) schlägt die Bundesregierung 7 % auf Güter, Dienstleistungen, Restaurant- und Hotelrechnungen auf. Zusätzlich erheben die Provinzen bis zu 8 % *Provincial Sales Tax* (PST), sodass man zu den Preisen 13–15 % hinzurechnen muss.

TELEFON & INTERNET

Ortsgespräche sind zeitlich unbegrenzt und kosten in Telefonzellen *(locals calls, appels locals)* 50 Cent. Für Ferngespräche *(long distance calls, appels interurbaines)* wählt man die »1«, um aus dem Ortsnetz herauszukommen, dann die dreistellige Vorwahlnummer. Nach Eingabe der vollständigen Nummer meldet sich der Operator und teilt den Preis für die erste Zeiteinheit mit. Beim Operator (»0«) werden auch R- und Auslandsgespräche *(overseas calls)* angemeldet; er hilft bei Problemen rund ums Telefon. Ferngespräche vom Hotel aus sind wegen der hohen *service charge* teuer. Immer mehr Fernsprechautomaten nehmen auch Kreditkarten an.

Hotels, Mietwagenfirmen, Fluggesellschaften, Tourismusbüros etc. können innerhalb von Nordamerika über kostenlose *(toll-free)* 1-800-, 1-866-, 1-877- oder 1-888-Nummern angerufen werden. Vorwahlen: für Deutschland 011 49, für Österreich 011 43, für die Schweiz 011 41, dann die Ortsvorwahl ohne »0« und die Teilnehmernummer.

Europäische Tri-Band-Handys funktionieren in Städten und im unmittelbaren Umland per Roaming (beim Anbieter informieren). Im Hinterland sind Mobiltelefone mangels Netz ziemlich nutzlos.

Internetcafés gibt es kaum noch. Cafés, Restaurants, Kaufhäuser etc. mit WLAN-Angebot erkennt man am Schild »Free WiFi«.

TRINKGELD

Im Restaurant lässt man etwa 15 % des Rechnungsbetrags vor Steuern auf dem Tisch liegen – eine Summe, die nicht als Trinkgeld *(tip)*, sondern als Lohn für die Bedienung zu verstehen ist, denn das Personal ist darauf als Teil seines niedrigen Einkommens angewiesen. Kofferträger erhalten 1 $ pro Gepäckstück, Taxifahrer 10–15 % der Rechnungssumme. Dem Zimmermädchen *(room maid)* hinterlässt man 1–2 $ pro Aufenthaltstag im Zimmer. > **mehr S. 19 Punkt 46**

ZOLL

Zollfrei eingeführt werden dürfen pro Person über 16 Jahre 200 Zigaretten oder 50 Zigarren oder 200 g Tabak sowie 1,1 Liter Spirituosen für Reisende ab 19 Jahre (Québec und PEI 18 Jahre). Alkoholischen Getränke müssen bei der Zollkontrolle angegeben werden. Die Einfuhr von Lebensmitteln und Pflanzen ist meldepflichtig und meist verboten.

Bei der Wiedereinreise in die EU sind Souvenirs oder Geschenke bis zu einem Wert von 430 € (unter 15 Jahre 175 €) zollfrei, in der Schweiz bis 300 CHF. Für Spirituosen gilt eine Höchstmenge von 1 l über 22 Vol.-% (CH über 18 Vol.-%), für Tabakwaren 200 Zigaretten bzw. 50 Zigarren bzw. 250 g Tabak.

REGISTER

BILDNACHWEIS

Coverfoto: Gravenhurst, Kanada © plainpicture/image Source/Van Son, Jennifer
Fotos Umschlagrückseite: Getty Images/Regan, Joe (links); Getty Images/Hero Images (Mitte); Unsplash/Vasconez, Jorge (rechts)

Adobe Stock/Lüthi, Cedric: 32; Alamy Stock Foto/Gaertner: 121; Alamy Stock Foto/Islemount Images: 65; Alamy Stock Foto/Maunder, Hilke: 91; Alamy Stock Foto/Mays, Buddy: 18; Alamy Stock Foto/Universal Images Group North America LLC/DeAgostini: 105; Alamy Stock Photo/Hopkins, Cindy: 145; Alamy/Dao, Sam: 14; Bolch, Oliver: 31, 151; Fogo Island Inn and Shorefast: 28; Fotolia/anjokan: 26; Fotolia/Dupuis, Daniel: 128; Fotolia/Dusbaba, Otto: 117; Fotolia/Elenarts: 79; Fotolia/Lasenby, Brian: 84; gemeinfrei: 15; Getty Images/All Canada Photos: 20/21, 143; Getty Images/EyeEm/Vradenburg, Adam: 75; Getty Images/Hero Images: 38/39; Getty Images/LightRocket /Machado Noa, Roberto: 50; Getty Images/Patrizi, Leonardo: 146; Getty Images/Pottier, Aurélien: 119; Getty Images/Regan, Joe: 54/55; Getty Images/Runkel, Michael: 133; Glow Images/Heeb, Christian: 10; Glow images/Hicker, Rolf: 13; Helmhausen, Ole: 8 o., 63; Huber Images/Canali, Pietro: 44; Huber Images/Schmid, Reinhard: 136; iStockphoto/Tremblay, Tony: 58; Jahreszeitenverlag/Selbach, Arthur F.: 36; Jahreszeitenverlag/Spörl, Lukas: 6, 16, 81, 110; laif/Gerber, Tobias: 77; laif/Hahn, Paul: 47; Lookphotos/DesignPics: 94; mauritius images/Alamy/Chadwick, Steven: 19; mauritius images/Alamy/HelloWorld Images: 135; Pixelio/Bildpixel: 109; Pixelio/Schneider, Olaf: 122; Shutterstock/De Mattei, Maurizio: 8 u.; Shutterstock/dennizn: 35; Shutterstock/Elisseeva, Elena: 68; Shutterstock/Guy RD: 115; Shutterstock/IVY Photos: 52; Shutterstock/JHVEPhoto: 88; Shutterstock/meunierd: 9, 101; Shutterstock/Reynbakh, Alina: 12; Shutterstock/RuthChoi: 22; Shutterstock/Starkov, Evgeny: 17; Shutterstock/TylersJourney: 56; Shutterstock/Vincelli, Robert: 93; Unsplash/Vasconez, Jorge: 148.

Liebe Leserin, lieber Leser,
wir freuen uns, dass Sie sich für diesen POLYGLOTT on tour entschieden haben. Unsere Autorinnen und Autoren sind für Sie unterwegs und recherchieren sehr gründlich, damit Sie mit aktuellen und zuverlässigen Informationen auf Reisen gehen können. Dennoch lassen sich Fehler nie ganz ausschließen. Wir bitten Sie um Verständnis, dass der Verlag dafür keine Haftung übernehmen kann.

Ihre Meinung ist uns wichtig. Bitte schreiben Sie uns:

GRÄFE UND UNZER VERLAG
Postfach 86 03 66, 81630 München, Tel. 0 89 / 419 819 41
www.polyglott.de

LESERSERVICE
polyglott@graefe-und-unzer.de
Tel. 0 800 / 72 37 33 33 (gebührenfrei in D, A, CH), Mo–Do 9–17 Uhr, Fr 9–16 Uhr

1. Auflage 2019

Dieses Buch wurde auf chlorfrei gebleichtem Papier gedruckt.
ISBN 978-3-8464-0426-3

Verlagsleitung: Grit Müller
Verlagsredaktion: Anne-Katrin Scheiter
Autor: Ole Helmhausen
Redaktion: Christian Steinmaßl
Bildredaktion: Katja Oweger
Mini-Dolmetscher: Langenscheidt
Umschlaggestaltung & Layout:
Independent Medien Design, München
Horst Moser (Artdirection), Lucie Heselich
Karten und Pläne: Theiss Heidolph und Kunth Verlag GmbH & Co. KG
Satz: Tim Schulz, Mainz
Herstellung: Anna Bäumner, Gloria Schlayer
Druck und Bindung:
Printer Trento, Italien

PEFC
PEFC/18-31-506

GRÄFE UND UNZER

Ein Unternehmen der
GANSKE VERLAGSGRUPPE

MINI-DOLMETSCHER ENGLISCH

ALLGEMEINES

Guten Morgen.	Good morning. [gud **mohr**ning]
Guten Tag. (nachmittags)	Good afternoon. [gud äfter**nuhn**]
Hallo!	Hi! [hai]
Wie geht's?	How are you? [hau **ahr**‿ju]
Danke, gut.	Fine, thank you. [**fain, θänk**‿ju]
Ich heiße ...	My name is ... [mai **nehm**‿is]
Auf Wiedersehen.	Bye-bye. [baibai]
Morgen	morning [**mohr**ning]
Nachmittag	afternoon [äfter**nuhn**]
Abend	evening [**ihw**ning]
Nacht	night[nait]
morgen	tomorrow [tu**morr**oh]
heute	today [tu**deh**]
gestern	yesterday[**jes**terdeh]
Sprechen Sie Deutsch?	Do you speak German? [du‿ju spihk **dsehöhr**mən]
Wie bitte?	Pardon? [**pahr**dn]
Ich verstehe nicht.	I don't understand. [ai **dohnt** ander**ständ**]
Würden Sie das bitte wiederholen?	Would you repeat that please? [wud‿ju ri**piht** ðät, **plihs**]
bitte	please [**plihs**]
danke	thank you [**θänk**‿ju]
Keine Ursache.	You're welcome. [johr **wäll**kamm]
was / wer / welcher	what / who / which [wott / huh / witsch]
wo / wohin	where [wäər]
wie / wie viel	how / how much [hau / hau **matsch**]
wann / wie lange	when / how long [wänn / hau **long**]
Wie heißt das?	What is this called? [**wott**‿**is** ðis **kohld**]
Wo ist ...?	Where is ...? [**wäər**‿is ...]
Können Sie mir helfen?	Can you help me? [kän‿ju **hälp**‿mi]
ja	yes [jäss]
nein	no [noh]
Entschuldigen Sie.	Excuse me. [iks**kjuhs** mi]
Gibt es hier eine Touristeninformation?	Is there a tourist information? [is‿ðər‿ə **tuə**rist infərmehschn]
Haben Sie einen Stadtplan?	Do you have a city map / a list of hotels? [du‿ju häw‿ə **ßit**i mäpp]
Rufen Sie bitte die Polizei.	Please call the police. [**plihs** ðə pə**lihs**]

SHOPPING

Wo gibt es ...?	Where can I find ...? [**wäə** kən‿ai **faind** ...]
Wie viel kostet das?	How much is this? [**hau**‿matsch **is**‿ðis]
Das ist zu teuer.	This is too expensive. [ðis‿is **tuh** iks**pänn**ßiw]
Das gefällt mir (nicht).	I like it. / I don't like it. [ai **laik**‿it / ai **dohnt laik**‿it]
Wo ist eine Bank?	Where is a bank? [**wäər**‿is ə‿**bänk**]
Ich suche einen Geldautomaten.	I am looking for an ATM. [aim **luck**ing fər‿ən **ätihem**]
Geben Sie mir zwei Pfund (ca. 900 g) Tomaten.	Could I have two pounds of tomatoes. [kud‿ai häw **tuh paunds**‿əw tə**mäi**tohs]
Haben Sie deutsche Zeitungen?	Do you have German newspapers? [du‿ju häw **dsehöhr**mən **nuhs**pehpers]

ESSEN UND TRINKEN

Die Speisekarte, bitte.	The menu please. [ðə **männ**ju plihs]
Brot	bread [bräd]
Kaffee	coffee [**koff**i]
Tee	tea [tih]
mit Milch / Zucker	with milk / sugar [wið‿**milk** / **schugg**er]
Orangensaft	orange juice [**orr**əndseh‿dsehuhs]
Mehr Kaffee, bitte.	Some more coffee please. [ßəm‿moh **koff**i plihs]
Suppe	soup [ßuhp]
Fisch	fish [fisch]
Meeresfrüchte	seafood [**ßih**fud]
Fleisch	meat [miht]
Geflügel	poultry [**pohl**tri]
Beilage	sidedish [**ßaid**disch]
vegetarische Gerichte	vegetarian food [wädsehə**tä**riən fud]
Eier	eggs [ägs]
Salat	salad [**ßäl**əd]
Dessert	dessert[di**söhrt**]
Obst	fruit [fruht]
Eis	ice cream [ais **krihm**]
Wein	wine [wain]
weiß / rot / rosé	white / red / rosé [wait / räd / **roh**seh]
Bier	beer [bir]
Mineralwasser	mineral water [**minn**rəl wohder]
Ich möchte bezahlen.	The check, please. [ðə **tscheck,** plihs]

MEINE ENTDECKUNGEN

....

....

....

....

....

....

....

....

....

....

....

....

....

....

....

....

....

....

....

Teilen Sie Ihre Entdeckungen auf facebook.com/Polyglottreisewelt.

CHECKLISTE OSTKANADA

Nur da gewesen oder schon entdeckt?

☐ **AUF ALLE FÄLLE**
Ob auf der Aussichtsterrasse direkt über der Kante, per Boot ganz nah dran oder gar dahinter: Die mächtigen Niagarafälle imponieren aus jeder Perspektive > S. 75

☐ **SOMMERLICHER JAZZ IN MONTRÉAL**
Das Festival International de Jazz verwandelt Montréals Innenstadt in eine einzige Event-Zone rund um die Place des Arts, Jazzfans erwarten Top-Acts. > S. 104

☐ **WANDERN AUF DEM SKYLINE TRAIL**
Schwelgt man schon bei den Blicken auf der Panoramastraße Cabot Trail, so erst recht oberhalb auf dem Rundweg mit Aussichtspunkten übers Meer und Cape Breton Island. > S. 135

☐ **ARCHAISCHE KULISSE DES WESTERN BROOK POND**
Die Bergtour auf den Gipfel des Gros Morne wird mit dem Blick über einen der spektakulärsten Fjorde im Osten belohnt, der auch auf Meeresspiegelhöhe vom Boot aus fasziniert. > S. 144

☐ **INSELHÜPFEN AUF DEN ÎLES DE LA MADELEINE**
Die per Fähre verbundenen lieblichen Inseln überraschen mit grünen Hügeln und Sandstränden. > S. 134

☐ **ATLANTISCHER HUMMER**
Besten fangfrischen PEI-Hummer, speziell im Fisherman's Wharf Lobster Supper in North Rustico, darf man sich nicht entgehen lassen. > S. 133

☐ **ROM**
Torontos Royal Ontario Museum, gestaltet von Daniel Libeskind mit seinem kristallförmigen Anbau ist eine moderne Architekturikone, mit Top-Ausstellungen zu Natur und Kultur. > S. 60

MITBRINGSEL

- **Coole Outdoor-Klamotten von Roots** in Toronto, Montréal oder Halifax > S. 17
- **Ahornsirup** aus dem Supermarkt oder vom Wochenmarkt > S. 53